うさまると一緒にまなぶ四字熟語

新学習指導要領対応

sakumaru

KADOKAWA

はじめに

わたしたちは普段《ふだん》、たくさんの「四字熟語《よじじゅくご》」を使《つか》って生活《せいかつ》をしています。たとえば、次《つぎ》のような言葉《ことば》も実《じつ》は「四字熟語《よじじゅくご》」です。

興味津々《きょうみしんしん》

半信半疑《はんしんはんぎ》

絶体絶命《ぜったいぜつめい》

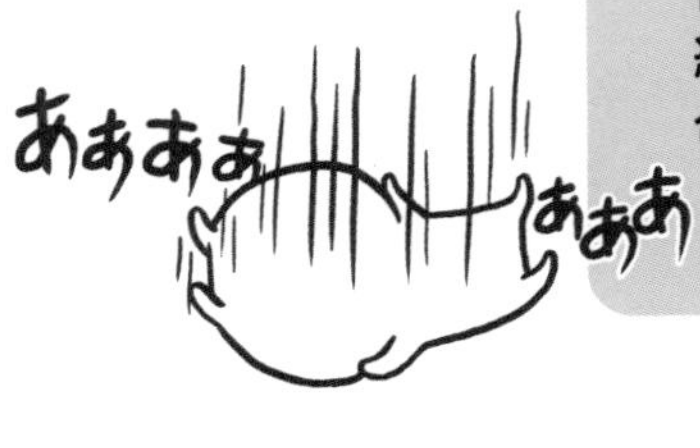

このように、「四字熟語《よじじゅくご》」は難《むずか》しい言葉《ことば》や古《ふる》い言葉《ことば》ではなく、日常的《にちじょうてき》に使《つか》われる身近《みぢか》なものです。そして、使《つか》うことで自分《じぶん》の気持《きも》ちや状況《じょうきょう》を相手《あいて》にうまく伝《つた》えることができる、とても便利《べんり》な言葉《ことば》でもあります。

そのほか、「四字熟語《よじじゅくご》」には、次《つぎ》のようなおもしろい言葉《ことば》も多《おお》いです。

表裏《ひょうり》一体《いったい》

我《が》田《でん》引《いん》水《すい》

五穀《ごこく》豊穣《ほうじょう》

言葉《ことば》の成《な》り立《た》ちを考《かんが》えると、いろいろな物語《ものがたり》が思《おも》い浮《う》かんできます。これらを普《ふ》段《だん》の文章《ぶんしょう》や会話《かいわ》にちょっと使《つか》うだけで、表現《ひょうげん》がよりいっそう豊《ゆた》かになります。

この本《ほん》を通《とお》していろいろな「四字熟語《よじじゅくご》」を知《し》って、ぜひ日常《にちじょう》で使《つか》ってみてください。

この本《ほん》の読《よ》み方《かた》

この本《ほん》では、たくさんの「四字熟語《よじじゅくご》」が出《で》てきます。「四字熟語《よじじゅくご》」とは、文字《もじ》どおり「四《よっ》つの漢字《かんじ》で成《な》り立《た》つ言葉《ことば》」です。大《おお》きく分《わ》けて、次《つぎ》の二《ふた》つのパターンがあります。

① 二《ふた》つの熟語《じゅくご》を組《く》み合《あ》わせたもの
「高速道路《こうそくどうろ》」「携帯電話《けいたいでんわ》」など

② 四《よっ》つの漢字《かんじ》によって新《あたら》しい意味《いみ》を持《も》つもの
「一期一会《いちごいちえ》」「喜怒哀楽《きどあいらく》」など

この本《ほん》では、主《おも》に②の「四字熟語《よじじゅくご》」を学《まな》びます。「読《よ》み方《かた》」が通常《つうじょう》の漢字《かんじ》の読《よ》み方《かた》とは異《こと》なるものが多《おお》いので、気《き》を付《つ》けてください。

キャラクター紹介《しょうかい》

うさまる
白《しろ》くてもちふわなうさぎの男《おとこ》の子《こ》。
素直《すなお》で優《やさ》しい性格《せいかく》。
ちょっとだけ臆病《おくびょう》だけど好奇心旺盛《こうきしんおうせい》。

うさこ
うさまると仲良《なかよ》しな
ピンク色《いろ》のうさぎの女《おんな》の子《こ》。
いちごやスイーツが好物《こうぶつ》。

いみ・つかいかた

言葉《ことば》の意味《いみ》と具体的《ぐたいてき》な使《つか》い方《かた》を
例文《れいぶん》で示《しめ》しています。

四字熟語《よじじゅくご》

小学校《しょうがっこう》の国語《こくご》で頻出《ひんしゅつ》する200語《ご》を
厳選《げんせん》しています。

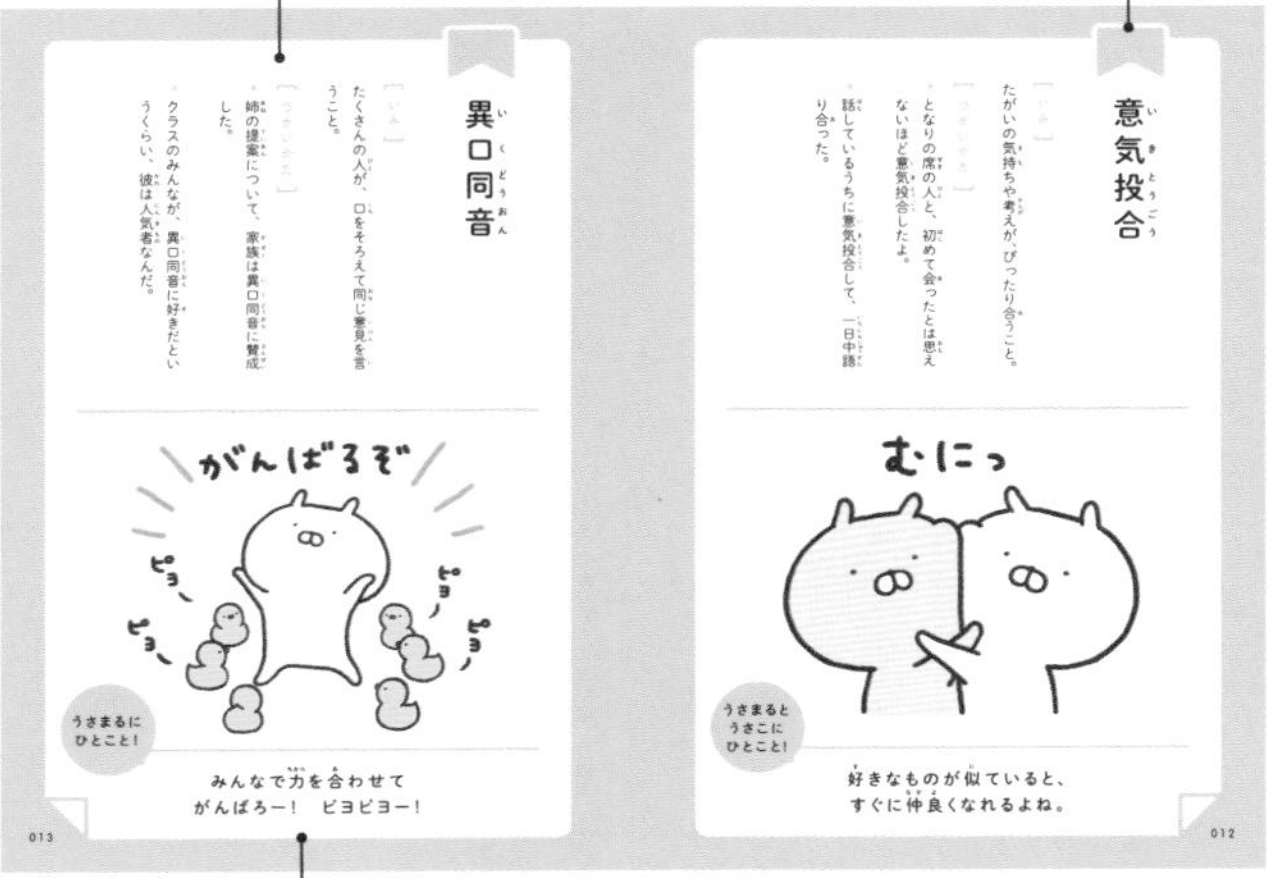

意気投合
［いみ］
たがいの気持ちや考えが、ぴったり合うこと。
［つかいかた］
・となりの席の人と、初めて会ったとは思えないほど意気投合したよ。
・話しているうちに意気投合して、一日中語り合った。
むにっ
うさまるとうさこにひとこと！
好きなものが似ていると、すぐに仲良くなれるよね。
012
異口同音
［いみ］
たくさんの人が、口をそろえて同じ意見を言うこと。
［つかいかた］
・姉の提案について、家族は異口同音に賛成した。
・クラスのみんなが、異口同音に好きだというくらい、彼は人気者なんだ。
がんばるぞ
ピョ
ピョ
ピョ
ピョ
うさまるにひとこと！
みんなで力を合わせてがんばろー！ ピヨピヨー！
013

ひとこと

イラストと一言《ひとこと》を見《み》ながら、
楽《たの》しく言葉《ことば》を覚《おぼ》えることができます。

てんとう虫《むし》

旅《たび》の途中《とちゅう》に
うさまると出会《であ》ってなつく。

くまさん

うさまるの
大《おお》きいぬいぐるみ。

ひよこ

心《こころ》も体《からだ》も温《あたた》かい。
集団行動《しゅうだんこうどう》が得意《とくい》。

CONTENTS

1章 人《ひと》づきあいの四字熟語《よじじゅくご》

2章 気《き》持《も》ちの四《よ》字《じ》熟《じゅく》語《ご》

3章 性《せい》格《かく》・態《たい》度《ど》の四《よ》字《じ》熟語《じゅくご》

4章 場《ば》面《めん》・状況《じょうきょう》の四《よ》字《じ》熟語《じゅくご》

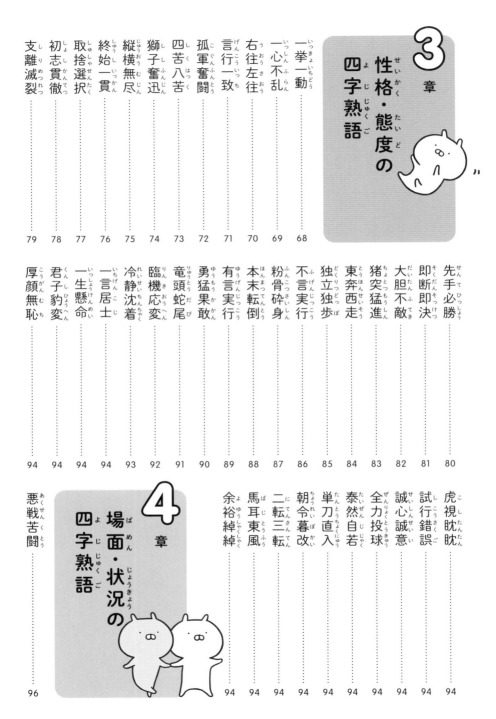

5章 自《し》然《ぜん》・その他《ほか》の四《よ》字《じ》熟《じゅく》語《ご》

デザイン　喜來詩織（エントツ）
DTP　クニメディア
執筆　あいげん社
校正　鷗来堂

1 章

人《ひと》づきあいの四《よ》字《じ》熟《じゅく》語《ご》

意《い》気《き》投《とう》合《ごう》

【いみ】

たがいの気持《きも》ちや考《かんが》えが、ぴったり合《あ》うこと。

【つかいかた】

- となりの席《せき》の人《ひと》と、初《はじ》めて会《あ》ったとは思《おも》えないほど意気投合《いきとうごう》したよ。
- 話《はな》しているうちに意気投合《いきとうごう》して、一日中《いちにちじゅう》語《かた》り合《あ》った。

うさまるとうさこにひとこと!

好《す》きなものが似《に》ていると、
すぐに仲良《なかよ》くなれるよね。

異口同音《いくどうおん》

【いみ】

たくさんの人《ひと》が、口《くち》をそろえて同《おな》じ意見《いけん》を言《い》うこと。

【つかいかた】

・姉《あね》の提案《ていあん》について、家族《かぞく》は異口同音《いくどうおん》に賛成《さんせい》した。

・クラスのみんなが、異口同音《いくどうおん》に好《す》きだというくらい、彼《かれ》は人気者《にんきもの》なんだ。

がんばるぞ
ピョ、
ピョ、
ピョ、
ピョ、

うさまるにひとこと！

みんなで力《ちから》を合《あ》わせて
がんばろー！　ピヨピヨー！

意《い》思《し》疎《そ》通《つう》

［いみ］

たがいの気持《きも》ちや考《かんが》えが、通《つう》じ合《あ》うこと。

［つかいかた］

- 飼《か》い犬《いぬ》のジョンとは、完全《かんぜん》に意《い》思《し》疎《そ》通《つう》ができていると思《おも》う。
- 言葉《ことば》が通《つう》じなくても、意《い》思《し》疎《そ》通《つう》を図《はか》ることは可能《かのう》だよ。

うさまるとうさこにひとこと!

ふたりはいつも通《つう》じ合《あ》っているね。

以《い》心《しん》伝《でん》心《しん》

【いみ】

文字《もじ》や言葉《ことば》で伝《つた》えなくても、心《こころ》が通《つう》じ合《あ》うこと。

【つかいかた】

・以心伝心《いしんでんしん》で、君《きみ》の考《かんが》えが伝《つた》わったよ。

・幼《おさな》なじみの彼《かれ》とは、すっかり以心伝心《いしんでんしん》の間柄《あいだがら》だ。

うさこにひとこと!

あえて、口《くち》に出《だ》して言《い》うのが大事《だいじ》なときもあるよね。

一心同体《いっしんどうたい》

【いみ】

二人《ふたり》以上《いじょう》の人《ひと》が、まるで一人《ひとり》の人物《じんぶつ》のように、心《こころ》を一《ひと》つにして行動《こうどう》すること。

【つかいかた】

- チームの全員《ぜんいん》が一心同体《いっしんどうたい》となって、練習《れんしゅう》にはげんでいたよ。
- そのギターは、兄《あに》と一心同体《いっしんどうたい》で、生《い》き物《もの》のようにうなり声《ごえ》を上《あ》げていた。

ベジまるズにひとこと!

とてつもないパワーを感《かん》じる!

慇《いん》懃《ぎん》無《ぶ》礼《れい》

【いみ】

言葉《ことば》や態度《たいど》がていねいすぎて、かえって失礼《しつれい》になること。

【つかいかた】

- デパートの店員《てんいん》は、慇懃無礼《いんぎんぶれい》な態度《たいど》で、トイレの場所《ばしょ》を教《おし》えてくれた。
- あまり尊敬《そんけい》していない先輩《せんぱい》に、敬語《けいご》を使《つか》いすぎると、慇懃無礼《いんぎんぶれい》になりそう。

うさまるに
ひとこと！

そう言《い》われても、そこでじっと
見《み》られていたら…気《き》になります。

音信不通《おんしんふつう》

【いみ】

便《たよ》りや訪問《ほうもん》がなくなり、連絡《れんらく》が取《と》れなくなること。

【つかいかた】

・転校《てんこう》した友達《ともだち》とは、すでに音信不通《おんしんふつう》になってしまった。

・二十年《にじゅうねん》も音信不通《おんしんふつう》だった仲間《なかま》に会《あ》えて、父《ちち》はうれしそうだった。

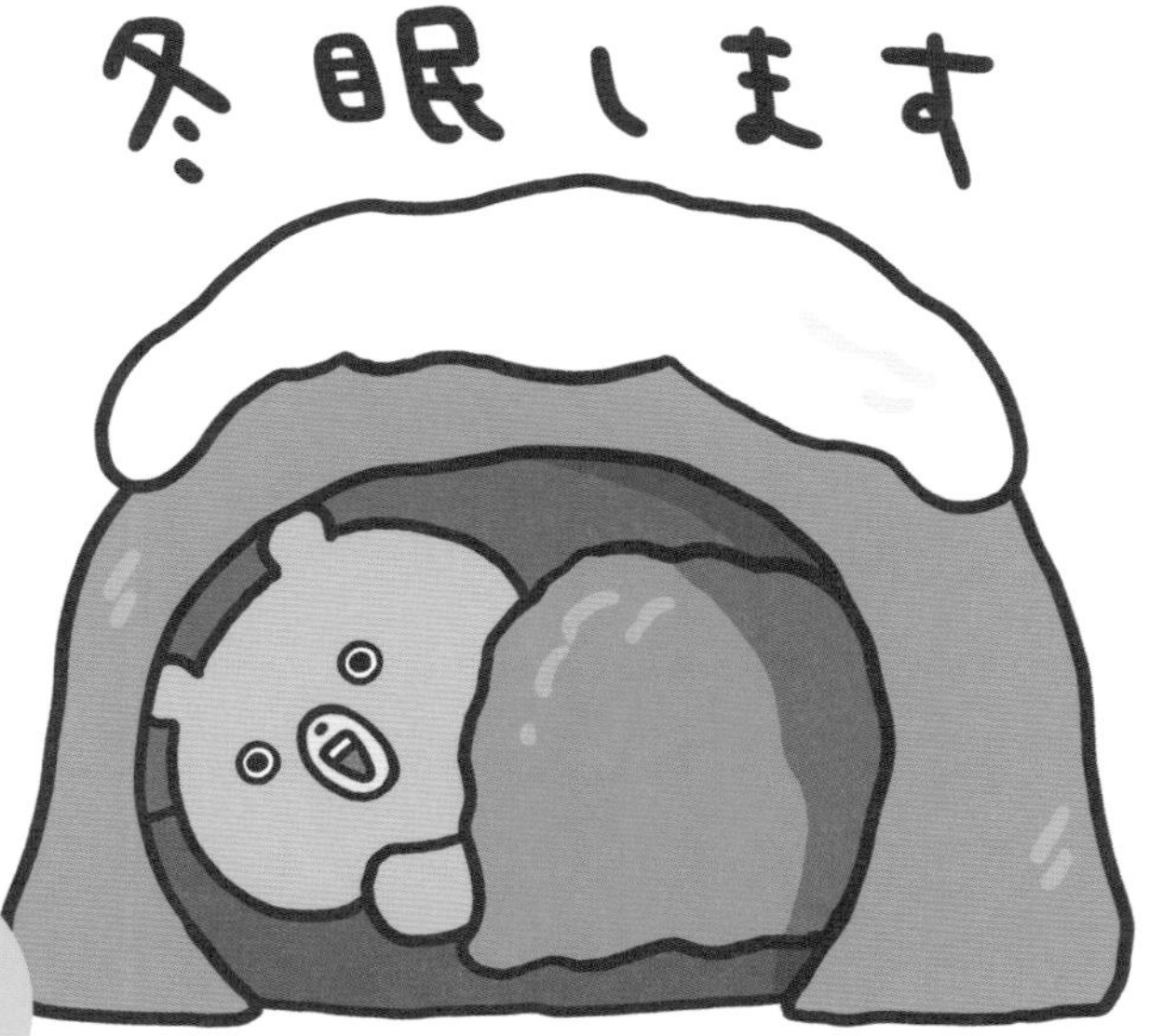

くまさんにひとこと!

そういう理由《りゆう》なら、しかたないよね。
春《はる》になったらまた遊《あそ》ぼう!

侃侃諤諤《かんかんがくがく》

【いみ】

自分《じぶん》の意見《いけん》を遠慮《えんりょ》なく述《の》べて、盛《さか》んに議論《ぎろん》をする様子《ようす》。

【つかいかた】

- 侃侃諤諤《かんかんがくがく》の議論《ぎろん》の末《すえ》、ようやくコンクールで演奏《えんそう》する曲《きょく》が決《き》まったよ。
- その店《みせ》では、後《のち》に有名《ゆうめい》な作家《さっか》となる三人《さんにん》が、侃侃諤諤《かんかんがくがく》と意見《いけん》を戦《たたか》わせていた。

うさまるに
ひとこと！

うさこといっぱいお話《はなし》したいんだよね。

捲《けん》土《ど》重《ちょう》来《らい》

【いみ】

一度《いちど》失敗《しっぱい》した者《もの》が、勢《いきお》いを取《と》りもどすこと。

【つかいかた】

・捲土重来《けんどちょうらい》を目指《めざ》して、もう一度《いちど》対戦《たいせん》することになった。

・一年間《いちねんかん》、修行《しゅぎょう》を積《つ》んでいたところへ、捲土《けんど》重来《ちょうらい》の機会《きかい》がめぐってきた。

うさまるとうさことくまさんにひとこと!

失敗《しっぱい》しても、背中《せなか》を押《お》してもらえたら、また立《た》ち上《あ》がれるね。

賛《さん》否《ぴ》両《りょう》論《ろん》

【いみ】

ある議題《ぎだい》について、賛成《さんせい》と反対《はんたい》の両方《りょうほう》の意見《いけん》があること。

【つかいかた】

● 彼《かれ》の意見《いけん》については、賛否両論《さんぴりょうろん》があった。

● この映画《えいが》は賛否両論《さんぴりょうろん》の評価《ひょうか》を受《う》けていたけど、私《わたし》はとても好《す》きだよ。

ベジまるズにひとこと！

いっぱい練習《れんしゅう》したんだろうけど
好《この》みが分《わ》かれそうなダンスだね。

士気高揚《しきこうよう》

【いみ】

集団《しゅうだん》で何《なに》かをするときに、みんなのやる気《き》が高《たか》まること。

【つかいかた】

・ユニフォームの力強《ちからづよ》いデザインは、チームの士気高揚《しきこうよう》に役立《やくだ》った。

・運動会《うんどうかい》に向《む》けて士気高揚《しきこうよう》を図《はか》るため、毎年《まいとし》クラスのはたを作《つく》ることになっている。

うさまるにひとこと!

朝《あさ》のラジオ体操《たいそう》で
みんなのやる気《き》が出《で》たね。

舌先三寸《したさきさんずん》

【いみ】

うわべだけの言葉《ことば》で、相手《あいて》をだましたり、あしらったりすること。

【つかいかた】

・舌先三寸《したさきさんずん》で丸《まる》めこまれて、いらないものを買《か》ってしまったよ。

・おじさんは疑《うたが》い深《ぶか》くて、舌先三寸《したさきさんずん》で切《き》りぬけることはできなかった。

うさまるにひとこと！

そんな顔《かお》で言《い》われてもゆるさないよ！
おやつ全部《ぜんぶ》食《た》べちゃったんでしょ。

叱咤激励《しったげきれい》

【いみ】

大声《おおごえ》で励《はげ》まして、相手《あいて》を元気《げんき》づけること。

【つかいかた】

- キャプテンに叱咤激励《しったげきれい》されて、ようやくいつもの調子《ちょうし》を取《と》りもどした。
- つかれて重《おも》くなった自分《じぶん》の足《あし》を叱咤激励《しったげきれい》しつつ、なんとか帰《かえ》ってきたよ。

くまさんにひとこと!

全力《ぜんりょく》でいいねって言《い》ってくれるとうれしいね。

十人《じゅうにん》十《と》色《いろ》

【いみ】

好《この》みや考《かんが》え方《かた》などが、人《ひと》によってそれぞれちがうこと。

【つかいかた】

- 休日《きゅうじつ》に集《あつ》まったら、服装《ふくそう》が十人《じゅうにん》十《と》色《いろ》でおもしろかったよ。
- 同《おな》じ学校《がっこう》出身《しゅっしん》といっても十人《じゅうにん》十《と》色《いろ》で、卒業《そつぎょう》後《ご》の進路《しんろ》はまったくちがっていたよ。

くまさんにひとこと！

みんな好《この》みがちがうから
何《なに》を作《つく》るか悩《なや》んじゃうよね。

切磋琢磨《せっさたくま》

【いみ】

仲間《なかま》やライバルが競《きそ》い、励《はげ》ましあって、おたがいの学問《がくもん》や技術《ぎじゅつ》を高《たか》めること。

【つかいかた】

・友人《ゆうじん》と切磋琢磨《せっさたくま》しあい、ともに志望校《しぼうこう》に合格《ごうかく》した。

・彼《かれ》とは、レギュラー入《い》りを目指《めざ》して、切磋琢磨《せっさたくま》した仲《なか》だ。

うさまるにひとこと!

自主《じしゅ》トレして
みんなに負《ま》けないように!

相互扶助《そうごふじょ》

【いみ】
たがいに助《たす》け合《あ》い、支《ささ》え合《あ》うこと。

【つかいかた】
・人間社会《にんげんしゃかい》において、相互扶助《そうごふじょ》の心《こころ》は欠《か》かせないものだ。
・国内《こくない》だけでなく、世界規模《せかいきぼ》の相互扶助《そうごふじょ》を実現《じつげん》するべきだ。

うさまるとうさこにひとこと！

だれだってつらいときがあるもんね。

相思相愛《そうしそうあい》

【いみ】

たがいに相手《あいて》をしたっていて、愛《あい》し合《あ》っていること。

【つかいかた】

・好《す》きな人《ひと》に告白《こくはく》したら、相思相愛《そうしそうあい》だったんだ。

・彼女《かのじょ》は、相思相愛《そうしそうあい》の形《かたち》で、入団《にゅうだん》を希望《きぼう》していたチームにむかえられた。

うさまるとうさこにひとこと！

ぎゅー。いつも一緒《いっしょ》だね。

他《た》言《ごん》無《む》用《よう》

【いみ】
他人《たにん》に話《はな》してはいけないということ。

【つかいかた】
・正式《せいしき》な発表《はっぴょう》があるまでは、絶対《ぜったい》に他言《たごん》無《む》用《よう》だよ。

・あまり人《ひと》に知《し》られたくないから、他言《たごん》無《む》用《よう》でお願《ねが》いね。

うさまるとうさこにひとこと!

す、すごい見《み》られているね。
だれにも言《い》わないよ、うさこ。

他人行儀《たにんぎょうぎ》

【いみ】

親《した》しい関係《かんけい》なのに、態度《たいど》がよそよそしいこと。

【つかいかた】

- 数年《すうねん》ぶりに会《あ》ったいとこは、他人行儀《たにんぎょうぎ》だった。
- 今《いま》さら名字《みょうじ》でよばれると、他人行儀《たにんぎょうぎ》な感《かん》じがするね。

うさまるにひとこと!

なんだかよそよそしいと思《おも》ったら、お仕事《しごと》モードだったんだね。

丁《ちょう》丁《ちょう》発《はっ》止《し》

【いみ】

① 刀《かたな》などで、激《はげ》しい音《おと》を立《た》てて打《う》ち合《あ》う様子《ようす》。

② 激《はげ》しく議論《ぎろん》を交《か》わす様子《ようす》。

【つかいかた】

① 二人《ふたり》はおもちゃの刀《かたな》を抜《ぬ》くと、丁丁発止《ちょうちょうはっし》と打《う》ちあった。

② 司会者《しかいしゃ》とゲストの丁丁発止《ちょうちょうはっし》のやり取《と》りが、この番組《ばんぐみ》の名物《めいぶつ》だった。

うさまるとうさこにひとこと！

ぺちぺちぺちぺちぺちぺち……

八方美人《はっぽうびじん》

【いみ】

● よく思《おも》われようとして、だれにでも愛想《あいそう》よくふるまうこと。

【つかいかた】

● 彼《かれ》はみんなにいい顔《かお》をするから、八方美人《はっぽうびじん》だよ。

● みんなと仲良《なかよ》くしたいだけなのに、八方美《はっぽうび》人《じん》と言《い》われるのは心外《しんがい》だなあ。

うさこにひとこと!

かわいいから安心《あんしん》して!

不即不離《ふそくふり》

【いみ】
近《ちか》づきすぎず、離《はな》れすぎない、ちょうどいい関係《かんけい》であること。

【つかいかた】
・父《ちち》は祖父母《そふぼ》と、不即不離《ふそくふり》の関係《かんけい》にある。
・私《わたし》とねことは、たがいに不即不離《ふそくふり》の態度《たいど》を保《たも》っている。

うさまるとうさこにひとこと!

今日《きょう》は、このぐらいの距離感《きょりかん》が心地《ここち》よいふたり。

満場一致《まんじょういっち》

【いみ】

その場《ば》にいる全員《ぜんいん》の意見《いけん》が同《おな》じであること。

【つかいかた】

・クラス委員《いいん》は、満場一致《まんじょういっち》で彼女《かのじょ》に決《き》まった。

・今年《ことし》の夏《なつ》の家族旅行《かぞくりょこう》は、満場一致《まんじょういっち》で、海《うみ》へのドライブになった。

うさまるとうさことくまさんにひとこと!

みんなして海《うみ》に行《い》きたいの?
わかった、今《いま》から行《い》こう!

無《む》理《り》難《なん》題《だい》

【いみ】

解決《かいけつ》することが、非常《ひじょう》に困難《こんなん》な問題《もんだい》。

【つかいかた】

- 母《はは》に、「お弁当《べんとう》を自分《じぶん》で作《つく》ったら」という、無理難題《むりなんだい》を持《も》ちかけられた。
- あの子《こ》がぼくを呼《よ》び出《だ》すなんて、無理難題《むりなんだい》をおしつけるためにちがいない。

うさまるにひとこと！

ちっとも解決策《かいけつさく》が思《おも》い浮《う》かばないね。

問答無用《もんどうむよう》

【いみ】

これ以上《いじょう》話《はな》し合《あ》っても、意味《いみ》がないこと。

【つかいかた】

● マンガの山《やま》が祖母《そぼ》に見《み》つかったら、問答《もんどう》無用《むよう》で捨《す》てられてしまう。

● 父《ちち》に犬《いぬ》を飼《か》いたいとたのんだが、問答無用《もんどうむよう》で断《ことわ》られた。

うさここに
ひとこと！

話《はなし》にならないからって
ひっぱっちゃだめだよ、うさこ。

和《わ》気《き》藹《あい》藹《あい》

【いみ】

心《こころ》が通《つう》じ合《あ》うほど仲《なか》が良《よ》く、和《なご》やかな空気《くうき》に満《み》たされていること。

【つかいかた】

- 親《しん》せき一同《いちどう》の食事会《しょくじかい》は、和気藹藹《わきあいあい》とした空《くう》気《き》の中《なか》、夜《よる》おそくまで続《つづ》いた。
- このクラスは仲《なか》が良《よ》く、教室《きょうしつ》はいつも和気《わき》藹藹《あいあい》としていた。

うさまるとうさこにひとこと！

二人《ふたり》ともとっても楽《たの》しそう。
いつまでも仲良《なかよ》くね！

人《ひと》づきあいの四字熟語《よじじゅくご》

暗中模索《あんちゅうもさく》
手《て》がかりがないまま、いろいろと試《ため》すこと。

一蓮托生《いちれんたくしょう》
結果《けっか》はどうあれ、運命《うんめい》をともにすること。

一致団結《いっちだんけつ》
みんなが心《こころ》を一《ひと》つにして、協力《きょうりょく》し合《あ》うこと。

岡目八目《おかめはちもく》
第三者《だいさんしゃ》のほうが、正《ただ》しく判断《はんだん》できること。

共存共栄《きょうぞんきょうえい》
たがいに助《たす》け合《あ》い、ともに栄《さか》えること。

呉越同舟《ごえつどうしゅう》
仲《なか》の悪《わる》い者《もの》どうしが居合《いあ》わせること。

三者三様《さんしゃさんよう》
考《かんが》え方《かた》ややり方《かた》が、人《ひと》それぞれであること。

実力伯仲《じつりょくはくちゅう》
実力《じつりょく》に差《さ》がないこと。

四面楚歌《しめんそか》
周《まわ》りが敵《てき》だらけで、孤立《こりつ》していること。

天下無敵《てんかむてき》
かなう者《もの》がいないほど、すぐれていること。

仲間意識《なかまいしき》
たがいに仲間《なかま》だと感《かん》じていること。

二人三脚《ににんさんきゃく》
二人《ふたり》や二組《ふたくみ》が協力《きょうりょく》して物事《ものごと》に取《と》り組《く》むこと。

付和雷同《ふわらいどう》
自分《じぶん》の意見《いけん》がなく、他人《たにん》に同調《どうちょう》すること。

傍若無人《ぼうじゃくぶじん》
他人《たにん》に配慮《はいりょ》せず、自分勝手《じぶんかって》にふるまうこと。

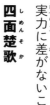

2

章

気《き》持《も》ちの四《よ》字《じ》熟《じゅく》語《ご》

意《い》気《き》消《しょう》沈《ちん》

【いみ】

落《お》ちこんで、元気《げんき》をなくすこと。

【つかいかた】

- 海《うみ》へ行《い》く予定《よてい》が、雨《あめ》で中止《ちゅうし》になって、意気《いき》消沈《しょうちん》しているんだ。
- 大事《だいじ》なペンをなくしてしまって、意気消沈《いきしょうちん》したよ。

うさまるにひとこと!

そんな日《ひ》だってあるさ。
元気《げんき》だして。

意《い》気《き》揚《よう》揚《よう》

【いみ】

得意《とくい》で、ほこらしそうな様子《ようす》。

【つかいかた】

● 優勝《ゆうしょう》したチームが、意気揚揚《いきようよう》と行進《こうしん》しているね。

● おつかいに行《い》った弟《おとうと》が、意気揚揚《いきようよう》と帰《かえ》ってきたよ。

ナイスバデッ

うさこにひとこと!

ビーチの視線《しせん》は、うさこにくぎづけ。

一日千秋《いちじつせんしゅう》

※「いちにちせんしゅう」とも読《よ》む

【いみ】

一日《いちにち》が千年《せんねん》にも感《かん》じられるほど、待《ま》ち遠《どお》しいこと。

【つかいかた】

- 週末《しゅうまつ》、人気《にんき》のスイーツを食《た》べにいくんだけど、一日千秋《いちじつせんしゅう》の思《おも》いだよ。
- 友達《ともだち》が旅行《りょこう》から帰《かえ》ってくるの、三日《みっか》も先《さき》かあ。一日千秋《いちじつせんしゅう》の思《おも》いで待《ま》つよ。

うさまるとうさこにひとこと!

**早《はや》く来《こ》い来《こ》い、夏休《なつやす》み!
お休《やす》みはいつだって待《ま》ち遠《どお》しいね。**

一《いち》念《ねん》発《ほっ》起《き》

【いみ】

あることを成《な》しとげるために、それまでの考《かんが》えをあらためて、熱心《ねっしん》にはげむこと。

【つかいかた】

・一念発起《いちねんほっき》して、毎日《まいにち》ピアノの練習《れんしゅう》をしているよ。

・朝《あさ》に散歩《さんぽ》をしたいから、一念発起《いちねんほっき》して、早《はや》起《お》きをがんばっているよ。

うさまるにひとこと！

とつぜん始《はじ》まる筋《きん》トレ。
何《なに》を成《な》しとげるつもり？

一《いっ》喜《き》一《いち》憂《ゆう》

【いみ】

喜《よろこ》んだり、心配《しんぱい》したりすること。

【つかいかた】

・うわさ話《ばなし》に一《いっ》喜《き》一《いち》憂《ゆう》して、何《なん》だかつかれちゃった。

・まだまだ先《さき》は長《なが》い。ここで一《いっ》喜《き》一《いち》憂《ゆう》している場合《ばあい》じゃないよ。

うさまるとくまさんにひとこと!

心《こころ》がふり回《まわ》されそうなときは、お茶《ちゃ》でも飲《の》んで、いったん落《お》ち着《つ》こう。

臥《が》薪《しん》嘗《しょう》胆《たん》

【いみ】

目的《もくてき》を果《は》たすために、長《なが》い間《あいだ》、苦労《くろう》や努力《どりょく》を重《かさ》ねること。

【つかいかた】

・臥薪嘗胆《がしんしょうたん》、悲願《ひがん》の全国優勝《ぜんこくゆうしょう》を達成《たっせい》したよ。

・となりのお兄《にい》さん、臥薪嘗胆《がしんしょうたん》の結果《けっか》、受験《じゅけん》に合格《ごうかく》したんだって。

うさまるにひとこと！

修行《しゅぎょう》を重《かさ》ねて強《つよ》くなった
うさまるニンジャだ！

感慨無量《かんがいむりょう》

【いみ】

言葉《ことば》にできないくらい、しみじみと感《かん》じること。

【つかいかた】

- 転校《てんこう》していった友達《ともだち》と、数年《すうねん》ぶりに再会《さいかい》して、感慨無量《かんがいむりょう》だったよ。
- 初《はじ》めて海《うみ》を見《み》た弟《おとうと》は、感慨無量《かんがいむりょう》の表情《ひょうじょう》をうかべていたよ。

うさまるとうさこにひとこと!

火《ひ》をボーッと見《み》つめてしみじみと感《かん》じ入《い》っているね。

喜色満面《きしょくまんめん》

【いみ】

喜《よろこ》びが、顔《かお》いっぱいにあふれ出《で》ている様子《ようす》。

【つかいかた】

- 来週《らいしゅう》の月曜《げつよう》が祝日《しゅくじつ》だと気《き》づいた姉《あね》は、喜色《きしょく》満面《まんめん》にあふれていたよ。
- 喜色満面《きしょくまんめん》だということは、告白《こくはく》がうまくいったんだね。おめでとう！

うさまるにひとこと！

何《なに》かいいことあったんだね！
言《い》わなくたってわかるよ。

疑《ぎ》心《しん》暗《あん》鬼《き》

【いみ】

いったん疑《うたが》い出《だ》すと、何《なん》でもないことにまで疑問《ぎもん》や不安《ふあん》を感《かん》じるというたとえ。

【つかいかた】

- 暗闇《くらやみ》を歩《ある》いていたら、疑心暗鬼《ぎしんあんき》になって、木《き》の影《かげ》がお化《ば》けのように思《おも》えてきたよ。
- 妖怪《ようかい》かと思《おも》ったら、近所《きんじょ》のねこで、私《わたし》の疑《ぎ》心暗鬼《しんあんき》にすぎなかった。

くまさんにひとこと!

こうなったらスッキリするまで追《お》いかけてみよう。

喜怒哀楽《きどあいらく》

【いみ】

喜《よろこ》び、怒《いか》り、悲《かな》しみ、楽《たの》しみなど、人《ひと》がもつ、さまざまな感情《かんじょう》を表《あらわ》した言葉《ことば》。

【つかいかた】

・うちのお母《かあ》さん、喜怒哀楽《きどあいらく》がわかりやすいんだ。

・ロボットの役《やく》だから、喜怒哀楽《きどあいらく》を顔《かお》に出《だ》さないよう気《き》をつけたよ。

くまさんにひとこと！

うれしくって泣《な》くときもある。
感情《かんじょう》って複雑《ふくざつ》だよね。

狂喜乱舞《きょうきらんぶ》

【いみ】

思《おも》わず踊《おど》り出《だ》すほど、とっても喜《よろこ》んでいる様《よう》子《す》。

【つかいかた】

- 応援《おうえん》していたチームが優勝《ゆうしょう》したので、サポーターたちは狂喜乱舞《きょうきらんぶ》していたよ。
- うちの犬《いぬ》は、家族《かぞく》が帰宅《きたく》するたび、狂喜乱《きょうきらん》舞《ぶ》でむかえてくれるんだ。

ヒャアアアアアアアア!!!
たおる

うさまるにひとこと!

とんでもなくうれしいときは、
タオル振《ふ》り回《まわ》したくなる、なる。

興《きょう》味《み》津《しん》津《しん》

【いみ】

おもしろくて、興味《きょうみ》や関心《かんしん》がどんどんわいてくる様子《ようす》。

【つかいかた】

・妹《いもうと》は今《いま》、虫《むし》に興味津津《きょうみしんしん》で、毎日公園《まいにちこうえん》に見《み》に行《い》っているよ。

・新《あたら》しいゲームをやっていたら、弟《おとうと》が興味津《きょうみしん》津《しん》な様子《ようす》で見《み》ていたよ。

うさまるにひとこと!

なんだか今《いま》にも走《はし》り出《だ》しそうなくらい、うずうずしているね。

残《ざん》念《ねん》無《む》念《ねん》

【いみ】

とてもくやしくて、たまらないこと。

【つかいかた】

- 今夜《こんや》、焼肉《やきにく》と知《し》っていたら、おやつをあんなに食《た》べなかったのに、残念無念《ざんねんむねん》。
- 一本早《いっぽんはや》いバスに乗《の》っていたら、友達《ともだち》に会《あ》えたのに、残念無念《ざんねんむねん》だ。

うさまるに
ひとこと!

あのとき、あんなところへ行《い》かなければ、
うっかりつかまらなくてすんだのに…。

自《じ》暴《ぼう》自《じ》棄《き》

【いみ】

希望《きぼう》がもてず、自分《じぶん》なんかどうなってもいいと、やけくそな行動《こうどう》をとること。

【つかいかた】

・兄《あに》が、失恋《しつれん》したせいで自暴自棄《じぼうじき》になって、食《た》べてばかりいるよ。

・一度《いちど》や二度《にど》の失敗《しっぱい》で、自暴自棄《じぼうじき》になってはいけないね。

うさまるにひとこと！

やけくそになりすぎて、
なんだかやつれちゃっているよ！

笑止千万《しょうしせんばん》

【いみ】

非常《ひじょう》にばかばかしいこと。

【つかいかた】

- 勝手《かって》に食《た》べすぎて具合《ぐあい》が悪《わる》いなんて、笑止《しょうし》千万《せんばん》だよ。
- 飛行機《ひこうき》もこわがるくせに、宇宙旅行《うちゅうりょこう》したいなんて、笑止《しょうし》千万《せんばん》だね。

うさまるに
ひとこと!

やってらんないね。
うさまるだっていそがしいもの。

心《しん》機《き》一《いっ》転《てん》

【いみ】

あることをきっかけとして、気持《きも》ちがすっかり変《か》わること。

【つかいかた】

・運動《うんどう》は苦手《にがて》だったけれど、心機一転《しんきいってん》、健康《けんこう》のためにウォーキングを始《はじ》めたんだ。

・引《ひ》っこし後《ご》、心機一転《しんきいってん》して、部屋《へや》をいつもきれいにしているよ。

うさこに
ひとこと！

疲《つか》れたときはお風呂《ふろ》でサッパリして
気持《きも》ちを切《き》り替《か》えようね。

得意満面《とくいまんめん》

【いみ】

思《おも》いどおりの結果《けっか》になって、ほこらしさが顔《かお》いっぱいに表《あらわ》れている様子《ようす》。

【つかいかた】

- ドラマの展開《てんかい》が予想《よそう》どおりだったと、母《はは》は得意満面《とくいまんめん》だったよ。
- ホームランをはなった打者《だしゃ》が、得意満面《とくいまんめん》の笑《え》みでベンチへもどってきた。

うさまるにひとこと！

このダンス、評判《ひょうばん》よかったね〜。
うさまるもコンブたちも、ほこらしげ！

破顔一笑《はがんいっしょう》

【いみ】

顔《かお》をほころばせて、にっこり笑《わら》うこと。

【つかいかた】

● 席《せき》をゆずったら、おばあさんは破顔一笑《はがんいっしょう》して、お礼《れい》を言《い》ってくれたよ。

● 合唱《がっしょう》コンクールの本番前《ほんばんまえ》、先生《せんせい》の一発《いっぱつ》ギャグに、みんなで破顔一笑《はがんいっしょう》した。

うさまるにひとこと！

にっこり笑《わら》っているうさまる、
いい表情《ひょうじょう》しているね。

半信半疑《はんしんはんぎ》

【いみ】

本当《ほんとう》かどうか判断《はんだん》がつかず、半分《はんぶん》は信《しん》じて、半分《はんぶん》は疑《うたが》わしく思《おも》う気持《きも》ち。

【つかいかた】

・午後《ごご》から雨《あめ》と聞《き》いたので、半信半疑《はんしんはんぎ》でかさを持《も》ってきたよ。

・体《からだ》にいいという習慣《しゅうかん》を、半信半疑《はんしんはんぎ》で試《ため》しているんだ。

うさまるにひとこと!

スマホで見《み》たニュース、
まるっと信《しん》じるのはキケンだよ。

被害妄想《ひがいもうそう》

【いみ】

他人《たにん》から、何《なん》らかの危害《きがい》を受《う》けていると思《おも》いこむこと。

【つかいかた】

- みんながきみの悪口《わるぐち》を言《い》っているなんて、とんだ被害妄想《ひがいもうそう》だよ。
- 犬《いぬ》に嫌《きら》われている気《き》がするなんて、被害妄《ひがいもう》想《そう》かもしれないね。

うさまるにひとこと！

うさまる、安心《あんしん》して！
うさこが食《た》べたこと、みんな気付《きづ》いているよ！

悲喜交交《ひきこもごも》

【いみ】

悲《かな》しみと喜《よろこ》びを代《か》わるがわる味《あじ》わったり、両方《りょうほう》が入《い》りまじっていたりすること。

【つかいかた】

- 卒業式《そつぎょうしき》は、別《わか》れのさみしさと未来《みらい》への期待《きたい》が合《あ》わさって、悲喜交交《ひきこもごも》だね。
- この詩《し》を読《よ》むと、恋《こい》をしている主人公《しゅじんこう》の悲喜交交《ひきこもごも》が伝《つた》わってくるよ。

うさまるにひとこと!

悲《かな》しみなのか喜《よろこ》びなのか…
表情《ひょうじょう》からなにも読《よ》み取《と》れないよ!

不倶戴天《ふぐたいてん》

【いみ】

同《おな》じ世界《せかい》には生《い》かしておけないと思《おも》うほど、うらみや憎《にく》しみが強《つよ》いこと。

【つかいかた】

●この鬼《おに》のような武士《ぶし》は、主人公《しゅじんこう》にとって、不倶戴天《ふぐたいてん》の敵《てき》なんだ。

●ドッジボールで負《ま》かされた相手《あいて》を、不倶戴《ふぐたい》天《てん》の敵《てき》というなんて、大《おお》げさだなあ。

うさこにひとこと！

ムカムカのエネルギーをつかって
草《くさ》むしりしちゃおう。

不撓不屈《ふとうふくつ》

【いみ】

どんな困難《こんなん》や苦労《くろう》が待《ま》っていても、決《けっ》してくじけないこと。

【つかいかた】

・不撓不屈《ふとうふくつ》の精神《せいしん》で、勝利《しょうり》を収《おさ》めたんだ。

・簡単《かんたん》にあきらめないで。不撓不屈《ふとうふくつ》の努力《どりょく》を重《かさ》ねていこうよ。

うさまるとうさこにひとこと!

そうだね、つらくても
くじけちゃだめだもんね。

茫《ぼう》然《ぜん》自《じ》失《しつ》

【いみ】

あっけにとられたり、あきれたりしたために、ぼんやりしている様子《ようす》。

【つかいかた】

- 目標《もくひょう》にしていた大会《たいかい》が来年《らいねん》からなくなると聞《き》いて、茫《ぼう》然《ぜん》自《じ》失《しつ》したよ。
- 急《きゅう》に参加《さんか》を取《と》り消《け》されて、茫《ぼう》然《ぜん》自《じ》失《しつ》するほかなかった。

うさまるにひとこと！

うさまる、元《げん》気《き》出《だ》して！
こういうときはおやつでも食《た》べよう。

抱腹絶倒《ほうふくぜっとう》

【いみ】

おなかを抱《かか》えて大笑《おおわら》いすること。

【つかいかた】

- お笑《わら》い番組《ばんぐみ》を見《み》て、抱腹絶倒《ほうふくぜっとう》したよ。
- インコのしぐさとおしゃべりがおもしろくて、家族《かぞく》で抱腹絶倒《ほうふくぜっとう》だったよ。

うさまるにひとこと！

たくさん笑《わら》うと、気持《きも》ちがいいよね。
おなかもすいちゃうけど…

優柔不断《ゆうじゅうふだん》

【いみ】

ぐずぐずしていて、なかなか決断《けつだん》できないこと。

【つかいかた】

・どっちのアイスを買《か》うかで三十分《さんじっぷん》も迷《まよ》うなんて、優柔不断《ゆうじゅうふだん》だね。

・ぼくは優柔不断《ゆうじゅうふだん》だから、行《い》く先《さき》は君《きみ》に決《き》めてほしいな。

うさまるにひとこと！

どっちかに決《き》められなくて両方《りょうほう》買《か》うなんて。おこづかいがなくなっちゃうよ。

気持《きも》ちの四字熟語《よじじゅくご》

意志薄弱《いしはくじゃく》
物事《ものごと》の決断《けつだん》や我慢《がまん》ができない様子《ようす》。

頑固一徹《がんこいってつ》
自分《じぶん》の考《かんが》えや態度《たいど》を変《か》えず、つらぬく様子《ようす》。

後生大事《ごしょうだいじ》
物事《ものごと》を非常《ひじょう》に大切《たいせつ》にすること。

自画自賛《じがじさん》
自分《じぶん》で自分《じぶん》をほめること。

自問自答《じもんじとう》
自分《じぶん》で自分《じぶん》に問《と》いかけ、自分《じぶん》で答《こた》えること。

自由奔放《じゆうほんぽう》
周囲《しゅうい》を気《き》にせず、思《おも》うままふるまうこと。

思慮分別《しりょふんべつ》
物事《ものごと》を注意深《ちゅういぶか》く考《かんが》え、判断《はんだん》すること。

清廉潔白《せいれんけっぱく》
心《こころ》や行《おこな》いが清《きよ》く正《ただ》しく、私欲《しよく》がないこと。

単純明快《たんじゅんめいかい》
文章《ぶんしょう》や物事《ものごと》が分《わ》かりやすいこと。

天真爛漫《てんしんらんまん》
心《こころ》の思《おも》うままに、明《あか》るくむじゃきな様子《ようす》。

満身創痍《まんしんそうい》
体《からだ》や心《こころ》が傷《きず》つき、いためつけられること。

無我夢中《むがむちゅう》
何《なに》かに心《こころ》をうばわれ、我《われ》を忘《わす》れること。

明鏡止水《めいきょうしすい》
心《こころ》がすみ切《き》って、静《しず》かな状態《じょうたい》にあること。

勇気百倍《ゆうきひゃくばい》
勇《いさ》ましい気持《きも》ちが非常《ひじょう》に大《おお》きくなること。

3

章

性格《せいかく》・態度《たいど》の四字熟語《よじじゅくご》

一挙一動《いっきょいちどう》

【いみ】

ちょっとした動作《どうさ》やしぐさ、ふるまいのこと。

【つかいかた】

- おばあさんが孫《まご》の、一挙一動《いっきょいちどう》を見守《みまも》っていたよ。
- 推《お》しの一挙一動《いっきょいちどう》から目《め》がはなせないな。

うさまるにひとこと!

たまにはビシッとキメたいよね。

一心不乱《いっしんふらん》

【いみ】

一《ひと》つのことに集中《しゅうちゅう》して、他《ほか》に気《き》を取《と》られないこと。

【つかいかた】

● 家族《かぞく》の無事《ぶじ》を、一心不乱《いっしんふらん》に祈《いの》り続《つづ》けたよ。

● 大学院《だいがくいん》に進学《しんがく》した姉《あね》は、一心不乱《いっしんふらん》に研究《けんきゅう》に打《う》ちこんでいるみたい。

うさまるにひとこと！

おいもを食《た》べることに集中《しゅうちゅう》しすぎて約束《やくそく》の時間《じかん》におくれちゃうよ。

右《う》往《おう》左《さ》往《おう》

【いみ】

うろたえて、右《みぎ》や左《ひだり》へ行《い》ったり来《き》たりすることから、混乱《こんらん》している様子《ようす》。

【つかいかた】

- 急《きゅう》にどしゃ降《ぶ》りになったので、右《う》往《おう》左《さ》往《おう》しちゃった。
- 駅《えき》のホームで、人《ひと》の波《なみ》にのまれそうになり、右《う》往《おう》左《さ》往《おう》したよ。

くまさんにひとこと!

うさまるがいなくて慌《あわ》てたけれど、
無事《ぶじ》に見《み》つかってよかった!

言《げん》行《こう》一《いっ》致《ち》

【いみ】

口《くち》に出《だ》して言《い》った内容《ないよう》と、実際《じっさい》の行動《こうどう》が同《おな》じであること。

【つかいかた】

・体《からだ》をきたえると宣言《せんげん》して、毎日筋《まいにちきん》トレをしているなんて、まさに言行一致《げんこういっち》だね。

・あの人《ひと》は、いつも言行一致《げんこういっち》しているから、信用《しんよう》できると思《おも》うんだ。

うさまるにひとこと！

うさまる、筋《きん》トレ続《つづ》けてるんだ！
えっ、まだ一回目《いっかいめ》？　がんばって！

孤軍奮闘《こぐんふんとう》

【いみ】

だれの助《たす》けもないなか、一人《ひとり》で懸命《けんめい》にがんばること。

【つかいかた】

・二人《ふたり》もかぜで休《やす》んだけれど、何《なん》とか孤軍奮《こぐんふん》闘《とう》して、無事《ぶじ》に仕事《しごと》を終《お》わらせたよ。

・あの人気店《にんきてん》、店員《てんいん》さんが一人《ひとり》しかいなくて、いつも孤軍奮闘《こぐんふんとう》しているよね。

うさまるに
ひとこと!

一人《ひとり》でがんばった後《あと》は、
一人《ひとり》で好《す》きなことをしよう。

四苦八苦《しくはっく》

【いみ】

とても苦労《くろう》すること。

【つかいかた】

- この製品《せいひん》は、開発者《かいはつしゃ》が四苦八苦《しくはっく》して、何《なん》とか販売《はんばい》にこぎつけたものだよ。
- 病気《びょうき》で四苦八苦《しくはっく》していた詩人《しじん》が認《みと》められたのは、亡《な》くなった後《あと》だったんだ。

うさまるにひとこと！

う、うさまる、どうしちゃったの?!

獅子奮迅《ししふんじん》

【いみ】

獅子《しし》（ライオン）がふるい立《た》ったときのような激《はげ》しい勢《いきお》いで、活動《かつどう》すること。

【つかいかた】

- 彼《かれ》の獅子奮迅《ししふんじん》の働《はたら》きぶりには、みんな感心《かんしん》していたよ。
- 引《ひ》っこし業者《ぎょうしゃ》の人《ひと》が、獅子奮迅《ししふんじん》の勢《いきお》いで、次《つぎ》から次《つぎ》と重《おも》い荷物《にもつ》を運《はこ》んでいたよ。

くまさんにひとこと!

まるでえものを見《み》つけたときのライオンみたいだよ!

縦横無尽《じゅうおうむじん》

【いみ】

自由自在《じゆうじざい》に思《おも》う存分《ぞんぶん》、物事《ものごと》を行《おこな》うこと。

【つかいかた】

・何《なん》の組織《そしき》にも属《ぞく》していない彼女《かのじょ》は、縦横無《じゅうおうむ》尽《じん》に活躍《かつやく》しているよ。

・今日《きょう》は、体育館《たいいくかん》を縦横無尽《じゅうおうむじん》に使《つか》って、好《す》きなように遊《あそ》んでいいんだって。

うさこに
ひとこと！

うさこ、輝《かがや》いているよ！
思《おも》う存分《ぞんぶん》おどっちゃって！

終《しゅう》始《し》一《いっ》貫《かん》

【いみ】

態度《たいど》や言動《げんどう》が、最初《さいしょ》から最後《さいご》まで変《か》わらないこと。

【つかいかた】

・私《わたし》たちは、終始一貫《しゅうしいっかん》して、公園《こうえん》の木《き》を切《き》ることに反対《はんたい》してきたよ。

・君《きみ》の、ギャグまんがしか読《よ》まないという姿《し》勢《せい》は、終始一貫《しゅうしいっかん》しているね。

うさこにひとこと!

うさこのうさまる推《お》しは、永遠《えいえん》に変《か》わらない！

取捨選択《しゅしゃせんたく》

【いみ】

必要《ひつよう》なものを選《えら》び取《と》って、不要《ふよう》なものを捨《す》てること。

【つかいかた】

・入《はい》ってくる情報《じょうほう》が多《おお》すぎるから、取捨選択《しゅしゃせんたく》が必要《ひつよう》だよね。

・旅行《りょこう》に行《い》くときは、取捨選択《しゅしゃせんたく》して、なるべく荷物《にもつ》を少《すく》なくしないと。

うさまるにひとこと！

サンタさんにお願《ねが》いするプレゼント、一《ひと》つだけ選《えら》ぶのって難《むずか》しいよね。

初志貫徹《しょしかんてつ》

【いみ】

初《はじ》めに決《き》めた思《おも》いを、最後《さいご》までつらぬいて、達成《たっせい》すること。

【つかいかた】

- 初志貫徹《しょしかんてつ》して、志望校《しぼうこう》へ合格《ごうかく》したよ。
- 初志貫徹《しょしかんてつ》で、ついにマンガ家《か》になる夢《ゆめ》をかなえたよ。

うさまるとくまさんにひとこと!

最後《さいご》までやり抜《ぬ》いたから夢《ゆめ》がかなったね!

支離滅裂《しりめつれつ》

【いみ】

めちゃくちゃだったり、ばらばらだったりして、まとまりのない様子《ようす》。

【つかいかた】

・弟《おとうと》の話《はなし》は、いつも支離滅裂《しりめつれつ》なんだ。

・好《す》きな人《ひと》に会《あ》えたのがうれしくて、思《おも》わず支離滅裂《しりめつれつ》な話《はな》し方《かた》をしてしまったよ。

うさこにひとこと！

ラブレター書《か》きたいけど
うまく気《き》持《も》ちがまとまらないね。

先手必勝《せんてひっしょう》

【いみ】

戦《たたか》いの場面《ばめん》で、相手《あいて》よりも先《さき》に攻《せ》めれば、必《かなら》ず勝《か》てるという状況《じょうきょう》にあること。

【つかいかた】

- 兄《あに》より先《さき》に帰《かえ》れば、先手必勝《せんてひっしょう》で、犬《いぬ》の散歩《さんぽ》へ行《い》けるんだ。
- 先手必勝《せんてひっしょう》をねらって、だれよりも早《はや》く告白《こくはく》したのに、ふられてしまったよ。

うさまるにひとこと!

一番《いちばん》のりって、テンション上《あ》がる!
ビーチを独《ひと》り占《じ》めだね。

即《そく》断《だん》即《そっ》決《けつ》

【いみ】

その場《ば》ですぐに判断《はんだん》し、決《き》めること。

【つかいかた】

- トラブルが起《お》こったけれど、リーダーの即《そく》断即決《だんそっけつ》で、大《おお》ごとにはならなかったよ。
- 即断即決《そくだんそっけつ》の指示《しじ》によって、無事《ぶじ》に避難《ひなん》することができたんだ。

アイス!!
アイス!!
アイス!!
アイス!!
アイス!!

うさまるにひとこと!

今日《きょう》のおやつは、すぐに決《き》まった!

大《だい》胆《たん》不《ふ》敵《てき》

【いみ】

度胸《どきょう》があって、何事《なにごと》もおそれないこと。

【つかいかた】

- 王様《おうさま》の部屋《へや》から宝《たから》をうばうなんて、なんて大胆不敵《だいたんふてき》なんだ。
- こわいと評判《ひょうばん》の先生《せんせい》に呼《よ》ばれて、顔色一《かおいろひと》つ変《か》えないとは、大胆不敵《だいたんふてき》だね。

うさこにひとこと!

意外《いがい》とこういうの
着《き》こなしちゃうタイプだよね。

猪突猛進《ちょとつもうしん》

【いみ】

目標《もくひょう》に対《たい》して、がむしゃらにつき進《すす》むこと。

【つかいかた】

・猪突猛進《ちょとつもうしん》したら、相手《あいて》のわなにはまってしまったよ。

・今《いま》はただ、猪突猛進《ちょとつもうしん》するほかないよ。

うさまるにひとこと！

いつもがむしゃらじゃ、つかれちゃう。
今日《きょう》はゆっくり休《やす》もうね。

東奔西走《とうほんせいそう》

【いみ】

用事《ようじ》や仕事《しごと》のために、あちこちへいそがしく走《はし》りまわること。

【つかいかた】

・祖父《そふ》は、医院《いいん》を開業《かいぎょう》する資金集《しきんあつ》めのために、東奔西走《とうほんせいそう》した。

・ピアニストだった母《はは》は、演奏会《えんそうかい》で東奔西走《とうほんせいそう》したそうだ。

うさまるにひとこと!

どんなにいそがしくっても、安全運転《あんぜんうんてん》でお願《ねが》いね!

独立独歩《どくりつどっぽ》

【いみ】

他人《たにん》をたよりにせず、自分《じぶん》の信《しん》じる道《みち》を進《すす》むこと。

【つかいかた】

● あの作家《さっか》は一生《いっしょう》、独立独歩《どくりつどっぽ》をつらぬいた。

● 時《とき》には、独立独歩《どくりつどっぽ》の精神《せいしん》で歩《あゆ》んでみることも必要《ひつよう》だよ。

うさまるにひとこと！

自分《じぶん》が最高《さいこう》だって思《おも》えるファッションなら、
だれに何《なん》て言《い》われたって最高《さいこう》。

不言実行《ふげんじっこう》

【いみ】

文句《もんく》などを言《い》わずに、だまってするべきことを実行《じっこう》すること。

【つかいかた】

- この土地《とち》を開《ひら》いた人物《じんぶつ》は、不言実行《ふげんじっこう》をつらぬいたそうだよ。
- 文句《もんく》ばかり言《い》って何《なに》もしないより、不言《ふげん》実行《じっこう》の人《ひと》でありたいね。

うさこにひとこと!

もくもくと宿題《しゅくだい》をやる、うさこ。
終《お》わったら遊《あそ》ぼうね!

粉骨砕身《ふんこつさいしん》

【いみ】

全力《ぜんりょく》をつくして、一生懸命《いっしょうけんめい》がんばること。

【つかいかた】

・世《よ》の中《なか》をよくするために、粉骨砕身《ふんこつさいしん》した人々《ひとびと》がいたんだ。

・みんなで粉骨砕身《ふんこつさいしん》して、映画《えいが》を完成《かんせい》させたよ。

うさまるにひとこと！

いくら何《なん》でも、がんばりすぎだよ！
いっしょにおいしいもの食《た》べよう。

本末転倒《ほんまつてんとう》

【いみ】

物事《ものごと》の重要《じゅうよう》な部分《ぶぶん》と、重要《じゅうよう》でない部分《ぶぶん》を取《と》りちがえること。

【つかいかた】

● 体《からだ》をきたえるために始《はじ》めたジョギングでけがをするなんて、本末転倒《ほんまつてんとう》だよ。

● 塾《じゅく》に行《い》っても居眠《いねむ》りばかりしているなんて、本末転倒《ほんまつてんとう》だね。

うさまるに
ひとこと!

たくさん食《た》べたいのはわかるけど
落《お》ちそうだよ…あー、ほらー!!

有言実行《ゆうげんじっこう》

【いみ】

口《くち》に出《だ》したことを、必《かなら》ず成《な》しとげるということ。

【つかいかた】

・毎朝五時《まいあさごじ》に起《お》きるっていう宣言《せんげん》、今《いま》のところ有言実行《ゆうげんじっこう》しているね。

・姉《あね》は、小《ちい》さいころからの夢《ゆめ》を有言実行《ゆうげんじっこう》して、パティシエになったよ。

うさまるにひとこと！

あと10秒《びょう》入《はい》っているって言《い》ったもんね。
イチ、ニー、サーン…

勇猛果敢《ゆうもうかかん》

【いみ】

恐《おそ》れずに思《おも》い切《き》って実行《じっこう》すること。

【つかいかた】

● その若《わか》い武士《ぶし》は勇猛果敢《ゆうもうかかん》で、あっという間《ま》に攻《せ》め入《い》っていった。

● 彼女《かのじょ》は勇猛果敢《ゆうもうかかん》にも、その大《おお》きな犬《いぬ》のそばへ近《ちか》づいていった。

うさまるとくまさんにひとこと!

くまさんの勢《いきお》いが強《つよ》すぎて、
うさまるが大変《たいへん》なことに…。

竜頭蛇尾《りゅうとうだび》

【いみ】

初《はじ》めは勢《いきお》いがあるのに、次第《しだい》におとろえていくこと。

【つかいかた】

・生徒会長《せいとかいちょう》の演説《えんぜつ》は、竜頭蛇尾《りゅうとうだび》に終《お》わったね。

・私《わたし》の走《はし》りは、まさに竜頭蛇尾《りゅうとうだび》で、勢《いきお》いがあったのは最初《さいしょ》だけだったよ。

うさまるにひとこと！

今朝《けさ》、めちゃくちゃ元気《げんき》だったけど…
夕方《ゆうがた》にはこうなっていました。

臨《りん》機《き》応《おう》変《へん》

【いみ】

場面《ばめん》や状況《じょうきょう》に合《あ》わせた、適切《てきせつ》な方法《ほうほう》で対応《たいおう》すること。

【つかいかた】

- 初《はじ》めは全員《ぜんいん》でここに集合《しゅうごう》して、あとは臨機《りんき》応変《おうへん》に行動《こうどう》しよう。
- 天気《てんき》が不安定《ふあんてい》だったけど、係《かかり》の人《ひと》の臨機応《りんきおう》変《へん》な案内《あんない》で、全部《ぜんぶ》の予定《よてい》をこなせたよ。

うさまるにひとこと!

こういうときは、
じっとしているのがよさそうだね。

冷静沈着《れいせいちんちゃく》

【いみ】
何事《なにごと》にも動《どう》じず、落《お》ち着《つ》いていること。

【つかいかた】
・空《そら》が真《ま》っ暗《くら》になり、雷《かみなり》が鳴《な》り始《はじ》めたけれど、母《はは》は冷静沈着《れいせいちんちゃく》だった。
・想定外《そうていがい》のことが起《お》こったときこそ、冷静沈《れいせいちん》着《ちゃく》な行動《こうどう》を心《こころ》がけたいね。

ひやけ注意

うさまるにひとこと!

久々《ひさびさ》のお出《で》かけにうかれていたのに、
意外《いがい》とちゃんとしているね。

性格《せいかく》・態度《たいど》の四字熟語《よじじゅくご》

一言居士《いちげんこじ》
何《なに》においても、自分《じぶん》の意見《いけん》を言《い》いたい人《ひと》。

一生懸命《いっしょうけんめい》
真剣《しんけん》に物事《ものごと》に打《う》ちこむ様子《ようす》。

君子豹変《くんしひょうへん》
急《きゅう》に、意見《いけん》や態度《たいど》をがらっと変《か》えること。

厚顔無恥《こうがんむち》
ずうずうしくて、恥知《はじし》らずなこと。

虎視眈眈《こしたんたん》
じっくりと機会《きかい》をねらっている様子《ようす》。

試行錯誤《しこうさくご》
試《こころ》みと失敗《しっぱい》を重《かさ》ねて解決法《かいけつほう》を見出《みいだ》すこと。

誠心誠意《せいしんせいい》
うそのない真心《まごころ》をもって事《こと》に当《あ》たること。

全力投球《ぜんりょくとうきゅう》
すべての力《ちから》をかけて、物事《ものごと》に取《と》り組《く》むこと。

泰然自若《たいぜんじじゃく》
落《お》ち着《つ》いていて、何事《なにごと》にも動《どう》じない様子《ようす》。

単刀直入《たんとうちょくにゅう》
いきなり本題《ほんだい》や要点《ようてん》を切《き》り出《だ》すこと。

朝令暮改《ちょうれいぼかい》
命令《めいれい》などがすぐに変《か》わって定《さだ》まらないこと。

二転三転《にてんさんてん》
物事《ものごと》の方針《ほうしん》が次々《つぎつぎ》変《か》わり、定《さだ》まらないこと。

馬耳東風《ばじとうふう》
他人《たにん》の意見《いけん》や批評《ひひょう》を聞《き》き流《なが》すこと。

余裕綽綽《よゆうしゃくしゃく》
ゆったりとして落《お》ち着《つ》いている様子《ようす》。

4 章

場《ば》面《めん》・状《じょう》況《きょう》の 四《よ》字《じ》熟《じゅく》語《ご》

悪《あく》戦《せん》苦《く》闘《とう》

【いみ】

苦《くる》しい状況《じょうきょう》の中《なか》で、一生懸命《いっしょうけんめい》、努力《どりょく》すること。

【つかいかた】

- いきなり夕飯《ゆうはん》を作《つく》ることになって、悪戦苦《あくせんく》闘《とう》したよ。
- ねこが、じゃれていた毛糸《けいと》にからまってしまい、悪戦苦闘《あくせんくとう》していた。

うさまるにひとこと!

もうちょっとだよ、がんばって!

一刻千金《いっこくせんきん》

【いみ】

わずかな時間《じかん》が、とても貴重《きちょう》で価値《かち》のあるものだということ。

【つかいかた】

- この朝焼《あさや》けは、一刻千金《いっこくせんきん》の光景《こうけい》だね。
- 久《ひさ》しぶりにみんなで集《あつ》まったひとときは、一刻千金《いっこくせんきん》だった。

うさまるにひとこと！

こういう時間《じかん》、大事《だいじ》にしたいね！

一触即発《いっしょくそくはつ》

【いみ】

小《ちい》さなきっかけで、今《いま》にも大変《たいへん》なことが起《お》こりそうな様子《ようす》。

【つかいかた】

- 散歩中《さんぽちゅう》の犬《いぬ》どうしがうなり合《あ》っていて、一触即発《いっしょくそくはつ》の状況《じょうきょう》だ。
- 優勝候補《ゆうしょうこうほ》の二《に》チームが同席《どうせき》し、一触即発《いっしょくそくはつ》のムードだったよ。

うさこにひとこと!

今日《きょう》のうさこ、
何《なに》をしでかすかわからない。

一進一退《いっしんいったい》

【いみ】

進《すす》んだり、もどったりすること。

【つかいかた】

- 祖父《そふ》の病状《びょうじょう》は一進一退《いっしんいったい》で、退院《たいいん》はもう少《すこ》し先《さき》になりそうだ。
- 一進一退《いっしんいったい》の攻防《こうぼう》の末《すえ》、初出場校《はつしゅつじょうこう》が優勝《ゆうしょう》した。

うさまるにひとこと！

進《すす》みももどりもしない一日《いちにち》。

一石二鳥《いっせきにちょう》

【いみ】

一《ひと》つのことをして、同時《どうじ》に二《ふた》つの利益《りえき》を得《え》ること。

【つかいかた】

- 運動部《うんどうぶ》に入《はい》ったら、友達《ともだち》もできたし、体力《たいりょく》もついて、一石二鳥《いっせきにちょう》だよ。
- このマンガ、おもしろいうえに、歴史《れきし》の勉《べん》強《きょう》になって、一石二鳥《いっせきにちょう》だね。

うさまるにひとこと!

ボールも見《み》つけて、四《よ》つ葉《ば》のクローバーも見《み》つけたね! ラッキー!

紆余曲折《うよきょくせつ》

【いみ】

事情《じじょう》が複雑《ふくざつ》にからみ合《あ》っていて、順調《じゅんちょう》に進《すす》まないこと。

【つかいかた】

・その問題《もんだい》は、紆余曲折《うよきょくせつ》を経《へ》て、何《なん》とか解決《かいけつ》したよ。

・紆余曲折《うよきょくせつ》あって、今《いま》は全《まった》くちがう分野《ぶんや》の研究《けんきゅう》をしているんだ。

うさまるにひとこと！

どうしてそうなっちゃったの…。

危《き》機《き》一髪《いっぱつ》

【いみ】

ほんのわずかの差《さ》で、非常《ひじょう》に危険《きけん》な目《め》にあいそうな状況《じょうきょう》。

【つかいかた】

- 竜巻《たつまき》がすぐそこまでせまっていて、危《き》機《き》一《いっ》髪《ぱつ》のところを救助《きゅうじょ》された。
- 雪《ゆき》でスリップした車《くるま》がつっこんできて、危《き》機一髪《いっぱつ》だったよ。

うさまるにひとこと!

気《き》をつけて!
底《そこ》なし沼《ぬま》だよ!

起《き》死《し》回《かい》生《せい》

【いみ】

絶望的《ぜつぼうてき》な状況《じょうきょう》を立《た》て直《なお》し、勢《いきお》いを取《と》りもどすこと。

【つかいかた】

・四番《よばん》バッターが、起死回生《きしかいせい》の一打《いちだ》を放《はな》った。

・起死回生《きしかいせい》をかけて考案《こうあん》したキャラクターが、世界中《せかいじゅう》で大《だい》ヒットした。

うさまるにひとこと！

今《いま》ならまだ何《なん》とかなる。
うさまる、あきらめないで！

奇想天外《きそうてんがい》

【いみ】

ふつうでは思《おも》いつかないような、風変《ふうが》わりなこと。

【つかいかた】

- 彼《かれ》は奇想天外《きそうてんがい》な発想《はっそう》をもとに、次々《つぎつぎ》と芸術《げいじゅつ》作品《さくひん》を生《う》みだした。
- この計画《けいかく》は、奇想天外《きそうてんがい》すぎて、実現《じつげん》しなかった。

うさまるにひとこと!

えっ？
バイトの面接《めんせつ》、そのかっこうで行《い》くの？

九《きゅう》死《し》一《いっ》生《しょう》

【いみ】

死《し》がそこまでせまっている危険《きけん》な状態《じょうたい》から、奇跡的《きせきてき》に助《たす》かること。

【つかいかた】

- 九《きゅう》死《し》一《いっ》生《しょう》を得《え》た姉《あね》は、医師《いし》になるための勉強《べんきょう》をしている。
- 災害《さいがい》が発生《はっせい》したときは、絶望的《ぜつぼうてき》だと言《い》われたが、九《きゅう》死《し》一《いっ》生《しょう》で全員《ぜんいん》助《たす》かった。

うさこにひとこと!

あの日《ひ》のことを思《おも》い出《だ》すとこうなる。
無事《ぶじ》でよかったね。

旧態依然《きゅうたいいぜん》

【いみ】

古《ふる》い考《かんが》えやしきたりなどにとらわれて、進歩《しんぽ》が見《み》られない様子《ようす》。

【つかいかた】

- 組織《そしき》の旧態依然《きゅうたいいぜん》としたやり方《かた》が気《き》に入《い》らない。
- 百年前《ひゃくねんまえ》の仕組《しく》みをそのまま使《つか》うなんて、旧《きゅう》態依然《たいいぜん》にもほどがあるよ。

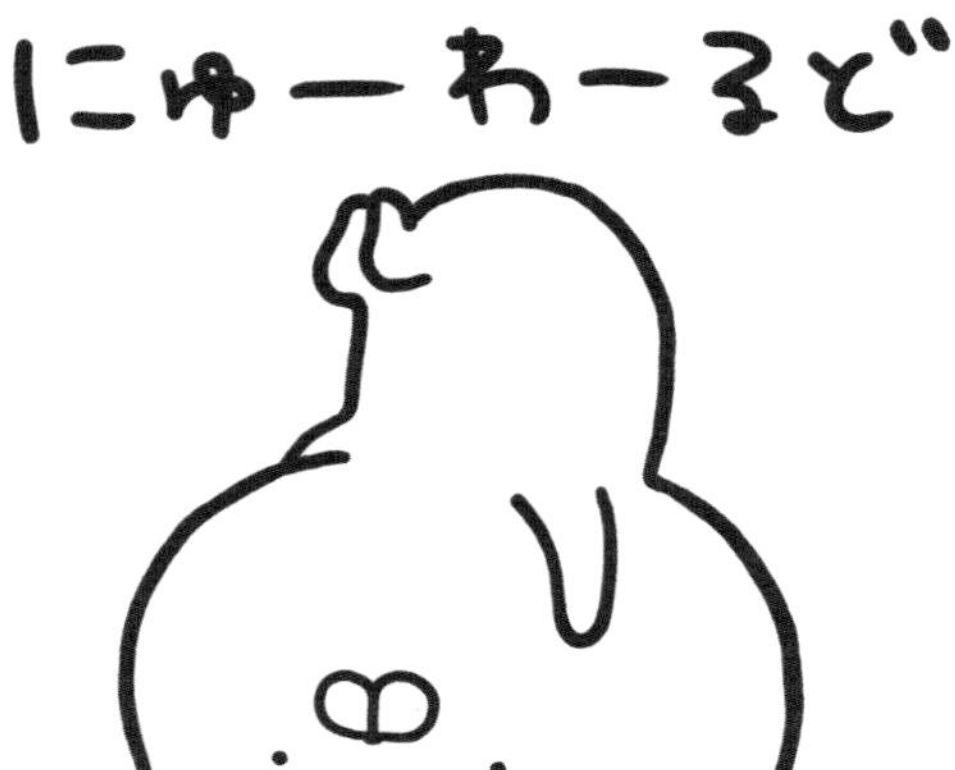

うさまるにひとこと!

古《ふる》くていいものもたくさんあるけれど、
よくない慣習《かんしゅう》にはしばられたくないね。

急転直下《きゅうてんちょっか》

【いみ】

物事《ものごと》の状態《じょうたい》が急《きゅう》に変化《へんか》して、解決《かいけつ》や結末《けつまつ》へと向《む》かうこと。

【つかいかた】

- 長引《ながび》きそうな両親《りょうしん》のけんかだったけど、急転直下《きゅうてんちょっか》、仲直《なかなお》りしたのでホッとしたよ。
- 少《すこ》しずつ仲良《なかよ》くなれそうだったのに、急転直下《ちょっか》、失恋《しつれん》したんだ。

うさまるとくまさんにひとこと！

急《きゅう》きょ、くまさんが送《おく》ってくれることになってよかったね。

玉石混淆《ぎょくせきこんこう》

【いみ】

すぐれたものと、すぐれていないものが混《ま》じっていること。

【つかいかた】

- あの図書館《としょかん》の本《ほん》は玉石混淆《ぎょくせきこんこう》で、よい本《ほん》を見《み》つけると、宝《たから》を探《さが》し当《あ》てた気分《きぶん》だ。
- セール会場《かいじょう》の玉石混淆《ぎょくせきこんこう》の中《なか》から、質《しつ》のよいものを探《さが》すのは大変《たいへん》だったよ。

うさまるにひとこと!

タピオカは、
全部同《ぜんぶおな》じようにおいしい。

空前絶後《くうぜんぜつご》

【いみ】

過去《かこ》にも未来《みらい》にも起《お》こらないような、非常《ひじょう》にめずらしいこと。

【つかいかた】

- こんな奇妙《きみょう》なことばかり起《お》こるなんて、これは空前絶後《くうぜんぜつご》の事件《じけん》だよ。
- あの選手《せんしゅ》、空前絶後《くうぜんぜつご》の活躍《かつやく》ぶりだね。

うさまるにひとこと!

えっ?
目《め》がさめたら幼稚園児《ようちえんじ》に?!

群雄割拠《ぐんゆうかっきょ》

【いみ】

多《おお》くの実力《じつりょく》のある人《ひと》たちが勢力《せいりょく》をもち、対立《たいりつ》しあうこと。

【つかいかた】

● 戦国時代《せんごくじだい》は、まさに群雄割拠《ぐんゆうかっきょ》の時代《じだい》だった。

● それぞれのグループのリーダーが対立《たいりつ》していて、まるで群雄割拠《ぐんゆうかっきょ》だよ。

くまさんにひとこと!

みんなで明《あか》るく楽《たの》しく過《す》ごせる世《よ》の中《なか》だったらいいのにね。

好機到来《こうきとうらい》

【いみ】

めったに来《こ》ない、よい機会《きかい》にめぐまれること。

【つかいかた】

・好機到来《こうきとうらい》をのがさず、逆転優勝《ぎゃくてんゆうしょう》することができた。

・方言《ほうげん》ブームとは好機到来《こうきとうらい》、ばんばん使《つか》っていくべ！

うさまるにひとこと！

宇宙飛行士《うちゅうひこうし》に選《えら》ばれたの？
気《き》をつけて帰《かえ》ってきてね。

三三五五《さんさんごご》

【いみ】

少人数《しょうにんずう》のまとまりが集《あつ》まったり散《ち》らばったりする様子《ようす》。

【つかいかた】

- 開店時間《かいてんじかん》になると、近所《きんじょ》の人《ひと》が三三五五《さんさんごご》集《あつ》まってきた。
- 祭《まつ》りが終《お》わると、人々《ひとびと》は三三五五《さんさんごご》帰《かえ》っていった。

うさまるにひとこと!

お祭《まつ》り行《い》ってみんなで帰《かえ》ってきたのかな?
楽《たの》しかったね。

絶体絶命《ぜったいぜつめい》

【いみ】

どうしてもにげられない、追《お》いつめられた立場《たちば》のこと。

【つかいかた】

・こんなにおなかがすいているのに、お弁当《べんとう》を忘《わす》れてくるなんて、絶体絶命《ぜったいぜつめい》だ。

・主人公《しゅじんこう》が、前《まえ》には敵《てき》、後《うし》ろは崖《がけ》という絶体《ぜったい》絶命《ぜつめい》の状況《じょうきょう》に追《お》い込《こ》まれた。

うさまるに
ひとこと！

高《たか》い所《ところ》から落《お》ちる夢《ゆめ》って、
ほんとにこわいよね。

千載一遇《せんざいいちぐう》

【いみ】

千年《せんねん》に一度《いちど》あるかどうかの、めったにないよい機会《きかい》。

【つかいかた】

- 彼《かれ》は、千載一遇《せんざいいちぐう》の好機《こうき》を生《い》かして、国際的《こくさいてき》な映画俳優《えいがはいゆう》になった。
- この千載一遇《せんざいいちぐう》のチャンスをのがしはしないぞ！

うさまるにひとこと！

一投目《いっとうめ》でたいを釣《つ》ったんだって？ 縁起《えんぎ》がいいね！

前人未到《ぜんじんみとう》

【いみ】

これまでだれもたどりついたことがないこと。

【つかいかた】

・いつか、前人未到《ぜんじんみとう》の記録《きろく》を残《のこ》したいんだ。

・ついに、前人未到《ぜんじんみとう》の地《ち》にたどりついた。

うさまるにひとこと!

だれも乗《の》ったことがないような
ビッグウェーブに乗《の》れたね!

前代未聞《ぜんだいみもん》

【いみ】

これまでに聞《き》いたことがないような、とてもめずらしいこと。

【つかいかた】

・本《ほん》を読《よ》みたがる犬《いぬ》なんて、前代未聞《ぜんだいみもん》だよ。

・真夏《まなつ》とはいえ、北国《きたぐに》でここまで気温《きおん》が上《あ》がるなんて、前代未聞《ぜんだいみもん》だね。

ベジまるズにひとこと!

そのかっこうで友達《ともだち》の結婚式《けっこんしき》に行《い》くの?
そもそも主役《しゅやく》じゃないし…。

千変万化《せんぺんばんか》

【いみ】

さまざまに変化《へんか》して、とどまることがないこと。

【つかいかた】

● 今《いま》はまさに千変万化《せんぺんばんか》の時代《じだい》だ。

● 文化祭《ぶんかさい》の計画《けいかく》は、話《はな》し合《あ》いを重《かさ》ねるごとに、千変万化《せんぺんばんか》していった。

うさまるにひとこと!

将来《しょうらい》の夢《ゆめ》がいろいろと変化《へんか》して、
今《いま》はこれだね。

相乗効果《そうじょうこうか》

【いみ】

二《ふた》つ以上《いじょう》のことが同時《どうじ》にうまく働《はたら》いて、一《ひと》つずつのときより成果《せいか》が上《あ》がること。

【つかいかた】

- 食事《しょくじ》と運動《うんどう》の相乗効果《そうじょうこうか》で、理想《りそう》の体形《たいけい》に近《ちか》づいたよ。
- 美《うつく》しい風景《ふうけい》と音楽《おんがく》の相乗効果《そうじょうこうか》で、その映画《えいが》はかなり話題《わだい》になっていたね。

うさまるとうさこにひとこと!

二人《ふたり》いっしょだと、ますます楽《たの》しくなるよね!

天下泰平《てんかたいへい》

【いみ】

①世《よ》の中《なか》が平和《へいわ》であること。

②なんの不安《ふあん》もなく、のん気《き》でいること。

【つかいかた】

①戦国時代《せんごくじだい》を終《お》え、ようやく天下泰平《てんかたいへい》の世《よ》をむかえた。

②かつて、のらねこだったことがうそのように、天下泰平《てんかたいへい》な暮《く》らしぶりだね。

うさまるにひとこと!

今日《きょう》ものんびり過《す》ごせてよかったね。

表裏一体《ひょうりいったい》

【いみ】

二《ふた》つのものの関係《かんけい》が、表《おもて》と裏《うら》のように、密接《みっせつ》で切《き》りはなせないこと。

【つかいかた】

- 人《ひと》の短所《たんしょ》と長所《ちょうしょ》は、表裏一体《ひょうりいったい》といえる。
- デジタル化《か》は、国《くに》と企業《きぎょう》が表裏一体《ひょうりいったい》となって、進《すす》めていくべきことだ。

うさまるとうさこにひとこと!

ふたりの仲《なか》は切《き》りはなせないよ。

変幻自在《へんげんじざい》

［いみ］

姿《すがた》が現《あらわ》れたり消《き》えたり、自由《じゆう》に変化《へんか》すること。

［つかいかた］

- 変幻自在《へんげんじざい》に形《かたち》を変《か》えていく雲《くも》。
- あの妖怪《ようかい》は変幻自在《へんげんじざい》で、とてもつかまえられない。

うさまるにひとこと！

うさまるがいないと思《おも》ったら、
ケーキの一部《いちぶ》になっていたのね！

場面《ばめん》・状況《じょうきょう》の四字熟語《よじじゅくご》

悪事千里《あくじせんり》
悪《わる》い行《おこな》いは、すぐに知《し》れわたるということ。

一攫千金《いっかくせんきん》
苦労《くろう》せず、一度《いちど》に大《おお》きな利益《りえき》を得《え》ること。

五里霧中《ごりむちゅう》
様子《ようす》がわからず、どうしていいか迷《まよ》うこと。

自業自得《じごうじとく》
自分《じぶん》の行《おこな》いの報《むく》いを、自身《じしん》で受《う》けること。

順風満帆《じゅんぷうまんぱん》
物事《ものごと》が順調《じゅんちょう》に進《すす》んでいることのたとえ。

新陳代謝《しんちんたいしゃ》
古《ふる》いものが新《あたら》しいものに入《い》れかわること。

前途多難《ぜんとたなん》
行《い》く先《さき》に多《おお》くの困難《こんなん》があるということ。

大同小異《だいどうしょうい》
大《おお》きなちがいがないこと。

内憂外患《ないゆうがいかん》
国内《こくない》や国外《こくがい》の事情《じじょう》に心配《しんぱい》ごとが多《おお》いこと。

難攻不落《なんこうふらく》
相手《あいて》になかなか受《う》け入《い》れてもらえないこと。

百戦錬磨《ひゃくせんれんま》
経験《けいけん》が豊富《ほうふ》で、きたえあげられていること。

不可思議《ふかしぎ》
理解《りかい》するのも、言《い》い表《あらわ》すのも難《むずか》しい現象《げんしょう》。

平平凡凡《へいへいぼんぼん》
特《とく》にめずらしくもない、ありふれた様子《ようす》。

油断大敵《ゆだんたいてき》
よく注意《ちゅうい》しないと失敗《しっぱい》するといういましめ。

5章

自然《しぜん》・その他《ほか》の四《よ》字《じ》熟《じゅく》語《ご》

一期一会《いちごいちえ》

【いみ】

一生《いっしょう》のうちでたった一度《いちど》だけの出会《であ》い。

【つかいかた】

- ライブ会場《かいじょう》で会《あ》う人《ひと》とは一期一会《いちごいちえ》だからこそ、その日《ひ》を楽《たの》しく過《す》ごしたい。
- 雲《くも》の形《かたち》に同《おな》じものはなく、まさに一期一会《いちごいちえ》の光景《こうけい》だ。

うさまるとうさこにひとこと!

たまたま同《おな》じ車両《しゃりょう》に乗《の》り合《あ》わせるのも、何《なに》かのご縁《えん》かもしれないね。

一朝一夕《いっちょういっせき》

【いみ】

非常《ひじょう》に短《みじか》い時間《じかん》。

【つかいかた】

・いくら簡単《かんたん》な曲《きょく》だと言《い》われても、一朝一夕《いっちょういっせき》にはひけないよ。

・これだけのサプライズ、一朝一夕《いっちょういっせき》の計画《けいかく》ではないよね。

うさまるにひとこと！

線香花火《せんこうはなび》はすぐに消《き》えちゃうけど、それがまたいいんだよね。

一長一短《いっちょういったん》

【いみ】

良《よ》い面《めん》と悪《わる》い面《めん》の両方《りょうほう》があること。

【つかいかた】

- 二《ふた》つの商品《しょうひん》で迷《まよ》っているんだけど、どちらも一長一短《いっちょういったん》があるね。
- 車《くるま》で行《い》くのも、電車《でんしゃ》で行《い》くのも、それぞれ一長一短《いっちょういったん》がある。

うさまるとうさこにひとこと!

冷《つめ》たくて気持《きも》ちいいけれど、
やりすぎたらアイスとけちゃうよ。

海千山千《うみせんやません》

【いみ】

経験《けいけん》が豊富《ほうふ》なために、いろいろと知《し》りつくしていて、悪《わる》がしこい人《ひと》。

【つかいかた】

- あの人《ひと》は海千山千《うみせんやません》の商売上手《しょうばいじょうず》だから、たくさん買《か》わされるよ。
- 海千山千《うみせんやません》の冒険家《ぼうけんか》の弟子《でし》になるなんて、危険《きけん》すぎる。

くまさんにひとこと！

くまさんは経験豊富《けいけんほうふ》だけど悪《わる》がしこくなんかないもんね。

栄《えい》枯《こ》盛《せい》衰《すい》

【いみ】

世《よ》の中《なか》の人《ひと》や物《もの》などあらゆるものが、栄《さか》えたりおとろえたりすること。

【つかいかた】

- 人類《じんるい》の歴史《れきし》において、数《かぞ》えきれないほどの栄枯盛衰《えいこせいすい》がくり返《かえ》されてきた。
- たとえ今《いま》はすべての権力《けんりょく》をにぎっていても、栄枯盛衰《えいこせいすい》で、いつかはおとろえる。

うさまるにひとこと!

うさまるは世界中《せかいじゅう》の人《ひと》から
ずっとずーっと愛《あい》されているよ。

温《おん》故《こ》知《ち》新《しん》

【いみ】

前《まえ》に学《まな》んだことや、昔《むかし》の事実《じじつ》を再《ふた》び調《しら》べたり、考《かんが》え直《なお》したりして、新《あたら》しい知識《ちしき》を見《み》いだすこと。

【つかいかた】

- 温故知新《おんこちしん》というから、もう一度《いちど》歴史《れきし》を学《まな》んでみようかな。
- 前《まえ》に読《よ》んだ本《ほん》を読《よ》み直《なお》したら、まさに温故《おんこ》知新《ちしん》で、新《あら》たな発見《はっけん》があったよ。

うさまるにひとこと！

新《あたら》しく生《う》まれ変《か》わったうさまるだ！

快《かい》刀《とう》乱《らん》麻《ま》

【いみ】

複雑《ふくざつ》にからまりあった物事《ものごと》を、見事《みごと》に解決《かいけつ》すること。

【つかいかた】

- 彼女《かのじょ》の一言《ひとこと》が快刀乱麻《かいとうらんま》となり、一気《いっき》に話《はな》し合《あ》いが進《すす》んだ。
- ぼくに快刀乱麻《かいとうらんま》の活躍《かつやく》を期待《きたい》するなんて、ちょっと無理《むり》があるよ。

くまさんにひとこと!

お? くまさんがなにか
ひらめいたもよう!

花鳥風月《かちょうふうげつ》

【いみ】

① 自然《しぜん》の美《うつく》しい様子《ようす》。

② 自然《しぜん》の美《うつく》しさを題材《だいざい》に、詩歌《しいか》を作《つく》ったり絵《え》を描《か》いたりする、風流《ふうりゅう》なこと。

【つかいかた】

① 花鳥風月《かちょうふうげつ》を友《とも》とする暮《く》らし。

② いつかは花鳥風月《かちょうふうげつ》を楽《たの》しむような、そういう生活《せいかつ》を送《おく》りたい。

うさまるにひとこと！

散《ち》りゆく季節《きせつ》をおしんでいるんだね。
えっ、桜《さくら》もちが食《た》べられなくなるって？

我田引水《がでんいんすい》

【いみ】

自分《じぶん》にとって都合《つごう》がよいように、物事《ものごと》を進《すす》めること。

【つかいかた】

- 我田引水《がでんいんすい》ばかりしていては、他《ほか》の人《ひと》たちから反感《はんかん》を買《か》うよ。
- 我田引水《がでんいんすい》にならないように、会《かい》を開《ひら》いて、みんなの意見《いけん》を聞《き》くことにした。

うさまるにひとこと！

こらこら、
くまさんの都合《つごう》も考《かんが》えてあげないと。

画竜点睛《がりょうてんせい》

【いみ】

物事《ものごと》を完成《かんせい》させるときに、最後《さいご》に行《おこな》う最《もっと》も大事《だいじ》なこと。

【つかいかた】

・すっかり身《み》じたくを整《ととの》えた母《はは》は、画竜点睛《がりょうてんせい》として、ぼうしをかぶった。

・新《あたら》しい部屋《へや》に合《あ》うテーブルが見《み》つからず、画竜点睛《がりょうてんせい》を欠《か》く思《おも》いだ。

うさまるにひとこと!

やっぱり年越《としこ》しそばを食《た》べないと、一年《いちねん》をしめくくれないよね。

鶏《けい》口《こう》牛《ぎゅう》後《ご》

【いみ】

大《おお》きな組織《そしき》の下《した》のほうにいるよりも、小《ちい》さな組織《そしき》のリーダーになるべきだということ。

【つかいかた】

- 鶏口牛後《けいこうぎゅうご》で、小《ちい》さな会社《かいしゃ》を設立《せつりつ》した。
- 鶏口牛後《けいこうぎゅうご》とはいうけど、県内一《けんないいち》の進学校《しんがくこう》で成績《せいせき》が下位《かい》のほうがいいと思《おも》った。

うさまるにひとこと!

形《かたち》から入《はい》るタイプ。

五《ご》穀《こく》豊《ほう》穣《じょう》

【いみ】

米《こめ》や麦《むぎ》などの穀物《こくもつ》が、豊《ゆた》かに実《みの》ること。

【つかいかた】

・五穀豊穣《ごこくほうじょう》を願《ねが》う祭《まつ》り。

・この地方《ちほう》には、五穀豊穣《ごこくほうじょう》に感謝《かんしゃ》するおどりが伝《つた》わっている。

うさまるにひとこと！

たくさん食《た》べて、大《おお》きくなろうね！

小春日和《こはるびより》

【いみ】

冬《ふゆ》の初《はじ》めごろの、春《はる》のように暖《あたた》かい天気《てんき》。

【つかいかた】

● その日《ひ》は、心地《ここち》よい小春日和《こはるびより》だった。

● 今日《きょう》は小春日和《こはるびより》で、コートがいらないほどだったよ。

うさまると
うさこに
ひとこと!

冬《ふゆ》の暖《あたた》かい日《ひ》って、
テンション上《あ》がりがち!

才色兼備《さいしょくけんび》

【いみ】

すばらしい才能《さいのう》と美《うつく》しい容姿《ようし》の両方《りょうほう》をもっていること。

【つかいかた】

・その女優《じょゆう》は、才色兼備《さいしょくけんび》だともてはやされていた。

・王《おう》のむすめたちはみな、才色兼備《さいしょくけんび》であった。

うさこにひとこと！

うさこはかわいいだけじゃなくて料理《りょうり》までできちゃう！

三《さん》寒《かん》四《し》温《おん》

【いみ】

冬《ふゆ》の寒《さむ》い日《ひ》が三日《みっか》ほど続《つづ》くと、暖《あたた》かい日《ひ》が四日《よっか》ほど続《つづ》くこと。

【つかいかた】

- 二月《にがつ》に入《はい》って三寒四温《さんかんしおん》となり、春《はる》が近《ちか》づいている感《かん》じがする。

うさこにひとこと!

まだ少《すこ》し寒《さむ》いね。
でも春《はる》はもうすぐだよ!

自《し》然《ぜん》淘《とう》汰《た》

【いみ】

① 自然界《しぜんかい》で、環境《かんきょう》に適《てき》した生物《せいぶつ》が生《い》き残《のこ》り、そうでないものがほろびること。

② 優良《ゆうりょう》なものが残《のこ》り、おとっていて悪《わる》いものがほろぶこと。

【つかいかた】

① 自然淘汰《しぜんとうた》を経《へ》て、今《いま》も残《のこ》る生物《せいぶつ》。

② 星《ほし》の数《かず》ほどあった店《みせ》は自然淘汰《しぜんとうた》され、今《いま》ではほんの数店《すうてん》しかない。

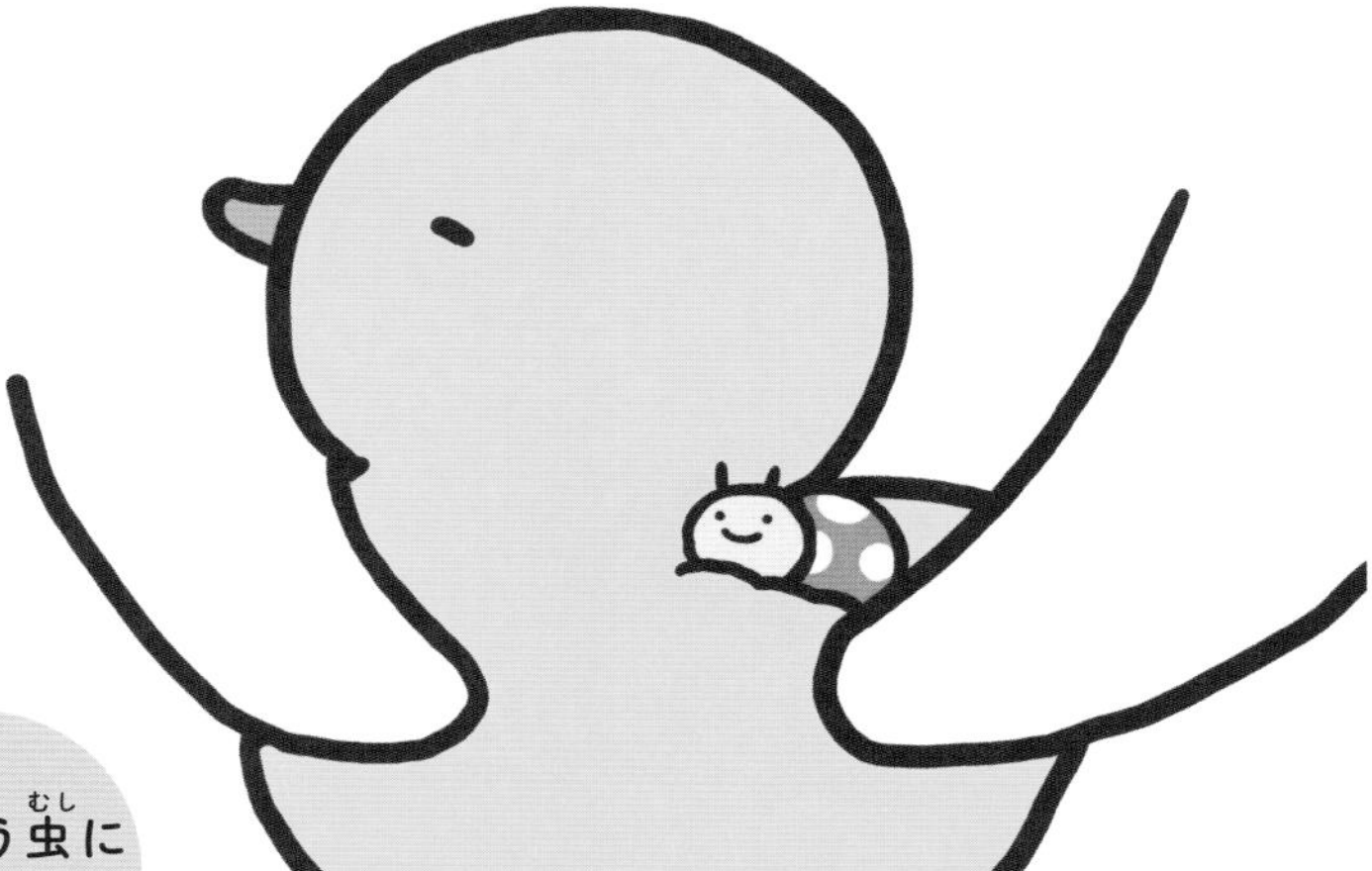

てんとう虫《むし》にひとこと！

お気《き》に入《い》りの場所《ばしょ》があれば安心《あんしん》できるもんね。

森羅万象《しんらばんしょう》

【いみ】

宇宙《うちゅう》に存在《そんざい》する、あらゆる事物《じぶつ》や現象《げんしょう》。

【つかいかた】

・どんなに知識《ちしき》が豊富《ほうふ》な人《ひと》でも、森羅万象《しんらばんしょう》のすべてを語《かた》れるわけではない。

・この世《よ》のすべての生《い》き物《もの》は、森羅万象《しんらばんしょう》の一《いち》部《ぶ》でしかない。

うさまると
うさこに
ひとこと!

うさまるにとってうさこは天使《てんし》!

晴耕雨読《せいこううどく》

【いみ】

世間《せけん》のわずらわしさからはなれ、田園《でんえん》で静《しず》かな暮《く》らしを送《おく》ること。

【つかいかた】

・その作家《さっか》は地方《ちほう》へ引《ひ》っこし、晴耕雨読《せいこううどく》の日々《ひび》を過《す》ごした。

・いつかは晴耕雨読《せいこううどく》の暮《く》らしをしたい。

ベジまるズにひとこと!

今《いま》のままの生活《せいかつ》のほうが、だらだらできそうだね。

大《たい》器《き》晩《ばん》成《せい》

【いみ】

偉大《いだい》な人《ひと》は、世《よ》に出《で》るまでに時間《じかん》がかかるということ。

【つかいかた】

- 彼《かれ》はスポーツ選手《せんしゅ》としては大器晩成《たいきばんせい》で、三十代《さんじゅうだい》に入《はい》ってから活躍《かつやく》した。
- 結果《けっか》が出《で》ないなんて、あせらないで。君《きみ》は大器晩成《たいきばんせい》のタイプかもしれないよ。

ちびちびうさまるにひとこと!

ゆっくりでいいから出《で》ておいで。

大義名分《たいぎめいぶん》

【いみ】

ある行動《こうどう》のよりどころとなる、正《ただ》しい理由《りゆう》。

【つかいかた】

・友達《ともだち》をはげますことを大義名分《たいぎめいぶん》に、一日中《いちにちじゅう》遊《あそ》んで過《す》ごした。

・犬《いぬ》の散歩《さんぽ》を大義名分《たいぎめいぶん》に、家《いえ》の手伝《てつだ》いを断《ことわ》って外出《がいしゅつ》した。

うさこにひとこと!

あまいものを食《た》べないと頭《あたま》がはたらかないもんね。

大言壮語《たいげんそうご》

【いみ】

できそうにもないことを、大《おお》げさに言《い》うこと。

【つかいかた】

● 大言壮語《たいげんそうご》して、クラスのみんなにめいわくをかけてしまったよ。

● 彼《かれ》はしょっちゅう大言壮語《たいげんそうご》するから、信用《しんよう》できないな。

うさまるにひとこと!

え、海《うみ》でくじらと遊《あそ》んでくる?!
いつの間《ま》に友《とも》だちになったの?

適材適所《てきざいてきしょ》

【いみ】

その人《ひと》の能力《のうりょく》や性質《せいしつ》に合《あ》う、地位《ちい》や仕事《しごと》をあたえること。

【つかいかた】

・彼女《かのじょ》を司会者《しかいしゃ》に指名《しめい》したのは、まさに適材《てきざい》適所《てきしょ》だった。

・委員《いいん》が決《き》めた係《かかり》の分担《ぶんたん》は、適材適所《てきざいてきしょ》の配置《はいち》だった。

ベジまるズにひとこと!

みんながいれば
おいしいカレーになるよ!

手《て》前《まえ》味《み》噌《そ》

【いみ】

自分《じぶん》のことを、自分《じぶん》でほめること。

【つかいかた】

- 手前味噌《てまえみそ》だけど、うちの店《みせ》のケーキはとても評判《ひょうばん》がいいんだよ。
- 手前味噌《てまえみそ》ながら、この映画《えいが》は、海外《かいがい》での賞《しょう》をいただきました。

うさまるにひとこと!

うんうん、うさまるはかわいいし、
ときどきかっこいいよ。

天《てん》変《ぺん》地《ち》異《い》

【いみ】

自然界《しぜんかい》に起《お》こる、台風《たいふう》や地震《じしん》、洪水《こうずい》などの災《さい》害《がい》や、変《か》わった出来事《できごと》。

【つかいかた】

- この時代《じだい》は天変地異《てんぺんちい》が多《おお》く、多《おお》くの命《いのち》が失《うしな》われた。
- なんとも不思議《ふしぎ》な空《そら》の様子《ようす》を見《み》て、天変地《てんぺんち》異《い》の前《まえ》ぶれだと言《い》う人《ひと》がいた。

うさまるにひとこと!

急《きゅう》に勉強《べんきょう》してどうしたの?
明日《あす》はあらしかな…。

日進月歩《にっしんげっぽ》

【いみ】

日《ひ》ごと月《つき》ごとに、速《はや》いスピードで進歩《しんぽ》する様《よう》子《す》。

【つかいかた】

・医学《いがく》の世界《せかい》は日進月歩《にっしんげっぽ》で、新《あたら》しい治療法《ちりょうほう》が開発《かいはつ》されている。

・日進月歩《にっしんげっぽ》のデジタル社会《しゃかい》では、ついていくのがやっとだ。

うさまるにひとこと!

新技術《しんぎじゅつ》の特殊《とくしゅ》メイクかと思《おも》ったら、
なんだ、ただの…のりか。

風光明媚《ふうこうめいび》

【いみ】
自然《しぜん》の景色《けしき》が美《うつく》しく、すばらしいこと。

【つかいかた】
・このあたりは、風光明媚《ふうこうめいび》の地《ち》として有名《ゆうめい》です。
・風光明媚《ふうこうめいび》で名高《なだか》いこの場所《ばしょ》を、ずっと守《まも》るつもりだ。

うさまるとうさこにひとこと！

こういう光景《こうけい》を見《み》たときは、
しばらく言葉《ことば》が出《で》てこないよね。

自然《しぜん》・その他《ほか》の四字熟語《よじじゅくご》

勧善懲悪《かんぜんちょうあく》
善行《ぜんこう》をすすめ、悪事《あくじ》をこらしめること。

起承転結《きしょうてんけつ》
文章《ぶんしょう》を書《か》くときや話《はな》すときの構成《こうせい》の方法《ほうほう》。

巧言令色《こうげんれいしょく》
相手《あいて》にこびへつらう様子《ようす》。

言語道断《ごんごどうだん》
言葉《ことば》に言《い》い表《あらわ》せないほど、ひどいこと。

七転八倒《しちてんばっとう》
ひどく苦《くる》しがって、転《ころ》げまわること。

質実剛健《しつじつごうけん》
飾《かざ》り気《け》がなく、心身《しんしん》ともにたくましい様子《ようす》。

枝葉末節《しようまっせつ》
本質的《ほんしつてき》ではない、あまり重要《じゅうよう》でない部分《ぶぶん》。

針小棒大《しんしょうぼうだい》
ささいなことを大《おお》げさに言《い》うこと。

二束三文《にそくさんもん》
もうけが出《で》ないほど安《やす》い値段《ねだん》。

日常茶飯《にちじょうさはん》
毎日《まいにち》の、ごくありふれたこと。

波瀾万丈《はらんばんじょう》
浮《う》きしずみが激《はげ》しく、劇的《げきてき》である様子《ようす》。

美辞麗句《びじれいく》
うわべだけ飾《かざ》った、真実味《しんじつみ》のない言葉《ことば》。

百発百中《ひゃっぱつひゃくちゅう》
予想《よそう》やねらいを全部《ぜんぶ》当《あ》てること。

無味乾燥《むみかんそう》
味《あじ》わいや面白《おもしろ》みがなく、つまらないこと。

索引《さくいん》

あ

か

さ

た

な

は

ま

や

ら

わ

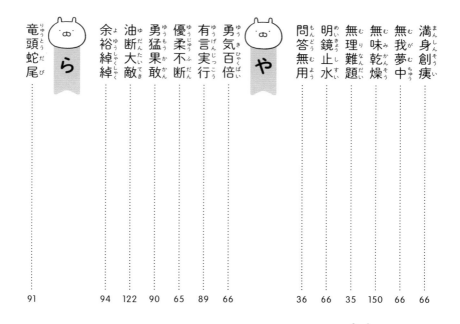

おわりに

この本《ほん》では、200語《ご》の「四字熟語《よじじゅくご》」が出《で》てきました。なかには、「こんな意味《いみ》があるなんて知《し》らなかった」「こうやって使《つか》えばいいんだ」といったように、新《あたら》しい発見《はっけん》も多《おお》かったのではないでしょうか。

自分《じぶん》が気《き》になった言葉《ことば》がいくつくらいあったのか、今《いま》ページをめくって振《ふ》り返《かえ》ってみましょう。10個《こ》でも5個《こ》でもいいですよ。その言葉《ことば》の意味《いみ》と使《つか》い方《かた》をセットで覚《おぼ》えているかを確《たし》かめてみてくださいね。

そして、覚《おぼ》えて終《お》わるのではなく、必《かなら》ず「使《つか》う」ことを意識《いしき》してみてください。日常《にちじょう》で意識的《いしきてき》に使《つか》うことで、初《はじ》めてあなたの語彙《ごい》として定着《ていちゃく》していくものです。

「使《つか》うこと」「（読《よ》み返《かえ》して）反復《はんぷく》すること」で、少《すこ》しずつ語彙力《ごいりょく》を高《たか》めていってもらえるとうれしいです。

sakumaru

LINEスタンプで不動の人気を誇る、ゆるくて可愛いうさぎのキャラクター「うさまる」の作者。2014年にLINE Creators Marketにて「うさまる」スタンプの登場以来一気にブレイク。以降グッズ化や書籍化など幅広く活動中。2021年には「LINE Creators MVP AWARD」MVP部門グランプリを受賞。著書に『うさまる』『うさまるといっしょ』『まいにち うさまる』『うさまる塗り絵BOOK きょう、なにする?』(すべて宝島社)などがある。

うさまると一《いっ》緒《しょ》にまなぶ 四《よ》字《じ》熟《じゅく》語《ご》

2023年12月15日 初版発行

著　者　sakumaru
協　力　LINE Friends Japan株式会社
発行者　山下 直久
発　行　株式会社KADOKAWA
〒102-8177
東京都千代田区富士見2-13-3
電話0570-002-301(ナビダイヤル)
印刷所　株式会社暁印刷
製本所　株式会社暁印刷

● お問い合わせ
https://www.kadokawa.co.jp/(「お問い合わせ」へお進みください)
※内容によっては、お答えできない場合があります。
※サポートは日本国内のみとさせていただきます。
※Japanese text only

定価はカバーに表示してあります。

ISBN 978-4-04-606411-0 C6081